一級建築士・風水研究家
今井雅晴

シンボルの魔術

あなたの人生は
あなたが創る

知道出版

推薦のことば

青年気学研究会　佐野暢秋

高崎の昇龍「今井雅晴氏」がまたまた驚きの著述をされた。前回の著書『風水からのメッセージ　人生・ビジネス・家づくり　想えば実現する』の推薦文の末尾に「入墨垂手《にってんすいしゅ》の境地に入られたようだ」と書いた。それが今回の著作で明確になったと感ずる。

建築設計を本業としながら、奇術・気学・易学・風水などなどの研究をされてきた著者は、これまで設計分野で築きあげたものを、本年後進に委ね託し、第一線から退くことを表明しておられるのは勿体ないと思え残念なことではあるが、自己の人生のカウントダウンを自覚し、これまで本業以外の「見えない世界」の研究分野で学び体得したものを、惜しげもなく記述公開しているのが本書『シンボルの魔術』である。

天の法則（陰陽五行論）から自己を分析し、時宜を知り、住まいを整え結界を張る。そして人事を尽くせば運を引き寄せられる、という主要点を掲げ、陰陽五行を知り、人生の選択肢を増やし、方位術で運気を高めてゆけば、その結果「幸せ成功を掴める」ということを九星（気学）を通して平易な文章で説かれている。

古くから続いてきている九星術に拘泥するだけでなく、著者の実践探求による独自の説も展開している。中国古代からの既設占い理論も世の変化進歩に従い追随解釈されるべきと説くのはまさに正論と言えよう。

今までの九星術や気学の考え方に新たな波紋を投げかけているのは実に興味深い。そしてさらに、「世の中を多角的に見えるようになる方法」をも示していることは、これまでの気学の書物にはまったく無かった著述であることを特記しておきたい。

最終章「象の巻」ではシンボルに込められたエネルギーが説明されており、占術界のこれまでの平面的思考視点を立体的に思考し観るべきと示唆し、フランスの建築家ル・コルビジェの「モジュロール理論」を紹介し、マルセイユに建つコルビジェ設計の建物を訪れ自身も肌で実感し確信したという。

この文を書いている今、東京上野の国立西洋美術館が世界遺産に登録へというニュースに接した。この建物こそ、日本でただ一つのコルビジェが設計した建物で、ユネスコの諮問機関は「世界遺産に登録することがふさわしい」とする勧告をまとめ、今年7月にも正式に世界遺産に登録される見通しとなりました、と伝えている。

著者は言う「生から死までは一本の線」この線をプラス、またはマイナスの線にするかは自分自身が創っている、思考然り、行動然り。その方法がこの著作にはたくさん提示されている。

「人生の極致はシンプルライフ」――目指すは、いろいろ繋がるプラス線。

今井氏の今回の提示で「イマイワールド」の完成と考えられ、いずれ占術の日本遺産となると思われる。

著者の最初の本『風水開運家づくり21』と冒頭紹介した本と今回の著書の内容を理解体得し実行すれば、読者は自分の人生の一本線を太いプラス線にすることができると信じる。

今井氏の言葉である「目前に起こる日々の事象は意味がありすべて未来にリンクされている」「想えば実現する」――蓋《けだ》し名言。

今井氏の第三の人生のスタートが占術界・奇術界に時代に応じた新波動を次々に起こしてくれると思う、大いに期待している。

まえがき

「眼に見えるものすべてにメッセージがある。ただ自分が気づかないだけだ！」

このフレーズで、前著『風水からのメッセージ―人生・ビジネス・家づくり・想えば実現する』のあとがきが終わっています。このフレーズこそ、私が建築設計の仕事を通して、必要必然から占術・風水の世界を学び、探究し、その結果、宇宙界・自然界から得たメッセージでした。

そんな時間軸の延長上に、さらなる縁が待っていました。そして、その縁の結実が本書となったといえます。端緒は、ある編集者からいただいた一通のお手紙からでした。

「今井雅晴先生

――さまざまな「成功哲学」があるなかで、多くの人が願うのは呪術的な「願望実現の技術」ではないでしょうか。先生の広汎な知識の中から、また占術的な実体験から、その技術を公開していただけないでしょうか。

いつの時代でも、「願望実現の技術」は形を変え、言葉を変えて人の心を魅了してきました。先生ならば「願望実現の技術」をあらたな視点からまとめていただけるのではないかと期待いたしております。

―中略―劇画から建築へと先生の才能は移行していきますが、先生の中には「形」に特別な感性をお持ちのようです。建築家としての、また、占術家としての特殊な感性から「形」の持つ力の秘密を解き明かしてもらいたいと思います。

そこで、「シンボルの魔術」（仮題）と題して、願望成就のノウハウとともに、先生の感性と知識をふまえたシンボルを誕生させてはいかがでしょうか？

現代の「ヒランヤ」や、ご符のようなパワーシンボルを手にしたい人は多いと思います。いかがでしょうか？　―後略―

また、お会いできる日を楽しみにしています。よろしくお願い申し上げます。」

「シンボルの魔術」という課題をいただき、まず私の脳にひらめいたのは、大学卒業後に読んだ『信念の魔術』の存在でした。内容もおぼろげながら想起することはできますが、それも「成功哲学」「願望実現の技術」につながります。

私は幼少の頃から不思議な世界に興味を持ち、その後、今まで趣味として奇術の世界を探究してきました。今回、奇術と魔術の関係も何かご縁があるように感じました。

私の人生を振り返りますと、今まで建築設計の仕事をしながら、多くのご縁ある方に出逢い、お世話になり、人生を楽しく過ごすことができました。本当に感謝しています。

その間、仕事を通して必要必然の知識である「気学」「遁甲」「風水」「易学」の世界を探究し、さらに「気功」の世界を学び、見えない世界のトビラを開いて不思議な出逢いも体験しました。今まで多くの師、多くの書物に出逢い、その奥深さに魅了され、さらなる知と術の深みにはまっていきました。

そこで今回、私の人生のカウントダウンにあたり、建築家としての第一線を退くとともに、私の学んだこれらの世界を「人生」「ビジネス」「住まい方」に特化し、誰でも「人生を最高に生きる極意」を実践、体験できるノウハウをまとめ上げ、「人生の書」として読者のみなさんに活用していただけることを願って本書を上梓することとなりました。

建築の世界には「住宅に始まり、住宅で終わる」という思想があります。なぜなら、住宅には建築学の基本の考え方がすべて備わっているからです。

私もご縁で「運命学」の世界をいろいろと探究してきましたが、日本人として、わが国の易占学の世界も「気学で始まり、気学で終わる」と先人から伝えられ、私がたどり着いた到達点としてもこの「気学」であることから、「気学」を基本とした内容をご披露したいと思っております。

「気学」は日本の文化と同様にシンプルで日本の風土に合っています。ならば、私が今まで探究してきた私なりの理論をも展開し、ご縁ある次世代の方に伝えていくのも私の使命と感じる次第です。なんだ「気学」か、と侮るなかれです。

「初伝とは奥伝なり」の意味をご賞味下さい。

ここに、全体の構成を説明してみます。

すべての章で共通するのは「形はエネルギーである」という仮説です。この仮説をもとに各章ごとに展開していきます。結果、到達する世界は「幸せをつかむ成功哲学」ということになります。

本書を読む前にことわっておくことがあります。それは本文を読み進めますと、前著と同じ文章が出てきます。どうしてもそのフレーズが重要だと感じて、繰り返しになりますが掲載しました。そのように認識して本書を読んでいただければ幸いです。
内容構成は以下のような組み立てになっております。

天の巻：時を知ってチャンスを活かす

この巻では、占術の一端を解説して、人として成功するには時節というものがあり、その時を捕まえることが必要であること、そしておのれの天運を知り、見合った目標を持ち、それに向かって行動することの必要性を説きます。
天の巻ということもあり、まずは宇宙原理ということで、中国思想である「陰陽五行論」について解説いたします。その原理を私が最初に学んだ「気学」で展開してみます。わが国の九星術も古今東西、いろいろな形で今日に伝わっていますが、私が実践探究した体験から、私なりの新説も合わせて展開してまいります。既設理論も世の中の進歩に従って、言葉のように時代と共に進化します。それが私の基本構想の考え方です。

地の巻：住まいを整え、結界を張る

この巻では、風水の知識を解説して、人生の大半を過ごす住まいをいかに整えて幸運を呼び込むか、結界などの方策を紹介します。風水の解説とインテリアなどを工夫して、健康、財運、人間関係をいかに良好にするかという住まいの知恵を説いていきます。

建築の知識、グレーゾーンや結界などの知識を知って開運に活かすということで、この巻では中国で発祥した風水の世界を中心に展開してみます。

建築設計を生業とした私自身の経験と実践した内容が基本となっています。また、本書ではインテリア風水の実際を図解で掲載しました。

柱、梁、屋根、庇下（第三の空間）、空間、神社、城、石垣、反り、借景、結界、春、夏、秋、冬、土用、風土、風水などがキーワードです。

人の巻：人事を尽くし、運を引き寄せる

この巻では、巷に流布する「成功哲学」でいわれるところの要諦をわかりやすくまとめ、私自身の体験をふまえながらその実践法を教授します。まず、明確な目標を定め、さまざまなかたちで潜在意識にアプローチし、願望を達成させるために引き寄せを起こします。

人の巻では私が今まで多くの分野に興味を持ち、学び実践し「想えば実現する」現実をあなたにも活用できるようおもうがままお伝えしました。今回、私が考案した「マンダラシート」を紹介しました。

象の巻：シンボルに込められた魔力

この巻では、さまざまなものには形があり、その形とはある想いによって成り、さまざまな力を持つものであることをご説明します。そして、この宇宙に偏在するエネルギーを集めるある種の形があること、それが運命を変える力を持つことなどを紹介します。

象の巻では、私が建築家ということで、以前から造形のエネルギーに興味があり、今回は図形のエネルギーについてまとめてみました。実は、すべての物には目には見えないが、エネルギーが存在しているのです。昔の人々はそのパワーと活用法を知っていたのです。ならば、本書でそのエッセンスを紹介しました。

この象の巻はあなたにとって「見えない世界入門」かもしれません。あなたが活用できそうだと想ったことは実践してみて下さい。結果はお約束します。

全体を通し、日本の気学、中国の風水、インドのヨガ、エジプトのピラミッド、インディアンの聖地、欧米の成功哲学や宇宙エネルギーということで、シンボルの話で盛り上がりました。私が建築設計を生業にしながら、多くの不思議な世界に引き込まれましたが、私にとって必要必然の世界だったようです。「イマイワールド」地図がようやく完成しました。

今井雅晴

ここに一枚のイラストがあります。「成功哲学」の本によく登場してくる絵です。あなたはこの絵をどのように読み取りますか？　目標は山の頂上にあります。私たちは目標に辿り着くまでいろいろな困難、リスク、障害、ストレスの道を通ってやがて頂上に到達するのです。その間、どのルートを選ぶかはあなた次第です。できればあまり無理をせず確実な方法で安全に到達できれば最高です。本書ではそのノウハウを天・地・人・象と四巻にわたって提案いたします。

そして、本書を読み終えた後は、このイラストに描かれている絵の意味が逆転するように変わります。実は、そう感じていただくことが本書の目標でもあります。社会を複眼で見られるようになります。この図は、最後の頁にも掲載しますので、結果を楽しみにして本書をお読み下さい。

時を知り、住まいを整え、人事を尽くす

シンボルの魔術 ◯ 目次

目次

天の巻——時を知ってチャンスを活かす

人生、ご縁があってこの世に生まれてきたからには、誰でも「幸せになれる人生」が約束されています。実は、人間は生まれてきた意味と使命があるのです。

このように考えると、まずは「この世に生きる」ということにあたって、このことを自覚する必要があります。それには「自分自身を知る」ということが基本です。しかし、誰しもいざ「自分とは？」を自問してもわかっているようで、なかなか確かな答えを見出せないのが本音でしょう。

ということで、この巻ではまずはじめに「自分自身を知る」という作業を行います。

天の法則である「陰陽五行論」から自分自身を分析して、自分がどのような性質であるかを知ることです。それは気づかなかった自分自身の再発見につながるかもしれません。「陰陽五行」での自分の性質がわかると、次の目標である「今後、どのように生きるには、何をすれば良いか」が見えてきます。

「陰陽五行」という世界観に当てはめてみると、森羅万象、その働きと時の流れも天の法則に従っていることがわかります。その法則を知ることによって、「人として成功するにはその時があり」それを活かす極意を見つけることも不可能ではありません。

実は、この「天の法則に逆らわず生きる」ということが成功法則入門なのです。

天の法則を知る―陰陽五行論

さて、この天の法則を知るには、その独特な世界観を学ばなければなりません。それが「陰陽五行原理」という世界観です。これをわかりやすく順を追って説明していきましょう。

陰陽五行原理

天運を活用するために、知っておかなければならないその理論とは、中国４５００年前から脈々と伝わる東洋思想の根幹「陰陽五行原理」です。「陰陽五行原理」とは、今でいう自然環境学であり、宇宙原理そのものです。これらの原理が理解できると、天運を毎日の生活の中に身近に生かすことができるようになります。

まず、「陰陽」を語る前に宇宙の存在を忘れてはいけません。

古代中国の人達は、この宇宙には目に見えない限りない可能性があると信じていました。この概念を「無」とか「空」などと呼んでいました。そう考えると万物の起源は「無・空」なのです。ここにヒントがあります。そして、そのなかから万物のエネルギーである陰と陽の存在を見出しました。

太極図

これは宇宙における二つの基本的な相互作用する力で、陰と陽の誕生だったのです。

陰と陽は、天と地の道、万物の基本原理であり、天地の関係です。対をなす陰と陽のエネルギーは互いに影響し合って動きが始まります。そしてあらゆる物事は、陰と陽の交代を繰り返しながら、弛《たゆ》まず成長し発展し進化していきます。

わかりやすく表現すると、この関係は光と影の動きに似ています。その他にも天と地、太陽と月、昼と夜、父と母、活動と休息、上と下などいろいろな関係が考えられます。

そして、陰陽のこのダイナミズムのなかで重要なポイントは「バランス」です。古代中国ではこの考え方を中庸《ちゅうよう》といいました。陰と陽の合体は、「太極図」に表わされます。

陰＝月、地、影、闇、夜、裏、女、柔、死　Nネガティブ　できない　叶わない

陽＝太陽、天、日、光、昼、表、男、剛、生　Pポジティブ　できる　叶う

五行原理

「陰陽」の概念の次に理解しなければならないのは、五行の考え方です。

五行とは「木」、「火」、「土」、「金」、「水」をいいます。陰陽が月と太陽、五行が木星、火星、土星、金星、水星の五惑星と思っていただければわかりやすいでしょう。

身近な例では日曜、月曜、火曜、水曜、木曜、金曜、土曜の七曜があります。

そしてそのポイントとは、各五行が互いにどう反応し影響し合うかです。五行にはそれぞれ相性のよい方角、色、形、素材、そしてシンボルがあります。これらの原理を上手く生活に取り入れて生きることが、後述する「インテリア風水」「ビジネス風水」における陰陽五行の活用術なのです。

陰陽五行の身近な例は、木、火、土、金、水が一年の季節をも表わしていることです。木は春、火は夏、金は秋、水は冬です。それでは土の季節とはいつ頃だと思いますか？ それは春でもない夏でもない、夏でもない秋でもない、秋でもない冬でもない、冬でもない春でもない各季節のつなぎである、年四回ある「土用」の存在です。

また、各季節に植物の生長過程を当てはめてみると、よりわかりやすくなります。

「木」の気は、新しい芽が出る現象の意があります。「火」の気とは、作物が育ち花が開

五行	木《もく》	火《か》	土《ど》	金《ごん》	水《すい》
一日	朝	昼	（変わり目 朝から昼 昼から夜）	夕	夜
季節	春	夏	土用	秋	冬
方位	東	南	中央	西	北
色	青	赤	黄色	白	黒

く現象の意があります。「土」の気とは、実が成り熟れる現象の意があります。「金」の気とは、実が成り収穫の現象の意があります。「水」の気とは、収穫の後種まきの現象の意があります。

　これらのサイクルこそが自然の原理、宇宙の法則であり、五行の原理なのです。

　さらに例をあげると一日のリズムも同じ原理で運行しています。朝は木、昼は火、夕方は金、夜は水、そして夜から朝になる頃、昼から夜になる頃が土なのです。

　上記の表に加えて、次に各五行に方角、色、形、素材についての象意を整理してみます。各象意にはまだまだ多くのエッセンスがあるのですが、それは後ほど解説していきます。

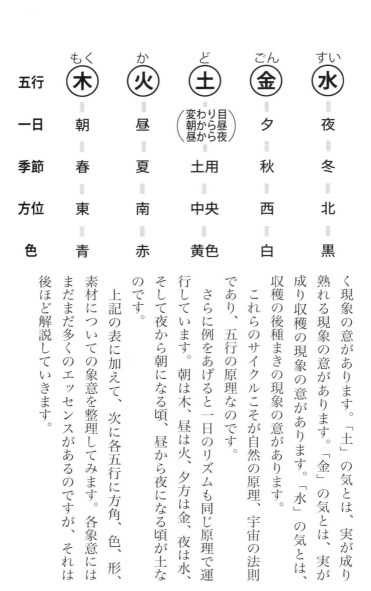

・**木**　東、青／緑、縦に長い長方形、木／竹／紙、成長／活動
・**火**　南、赤／朱、三角形、プラスチック、ライト　光、情熱／躍動
・**土**　中心、黄／茶、横に長く平たい長方形、土／煉瓦、安全／安定
・**金**　西、白／金・銀、丸い／円形、金属／鉱石、健全／豊富
・**水**　北、黒／濃紺、波形／不定形、ガラス、冷静／柔軟

身近なところでは、わが国の国技である大相撲の青房、赤房、白房、黒房、中央の土俵の考えこそ五行思想なのです。色と方位の関係が一致しています。みなさんもぜひ確かめてみて下さい。

さて次に、各五行は、それぞれ独立して存在しているわけではありません。お互いに関係性を持って成り立っているのです。

どのような関係性かというと、各五行には「相性《そうしょう》」と「相剋《そうこく》」という相関関係があるのです。ここが重要です。この相関関係が理解できると、目に見えないものが見えてきます。

次に各五行の相生関係、相剋関係の五行図を図示いたします。

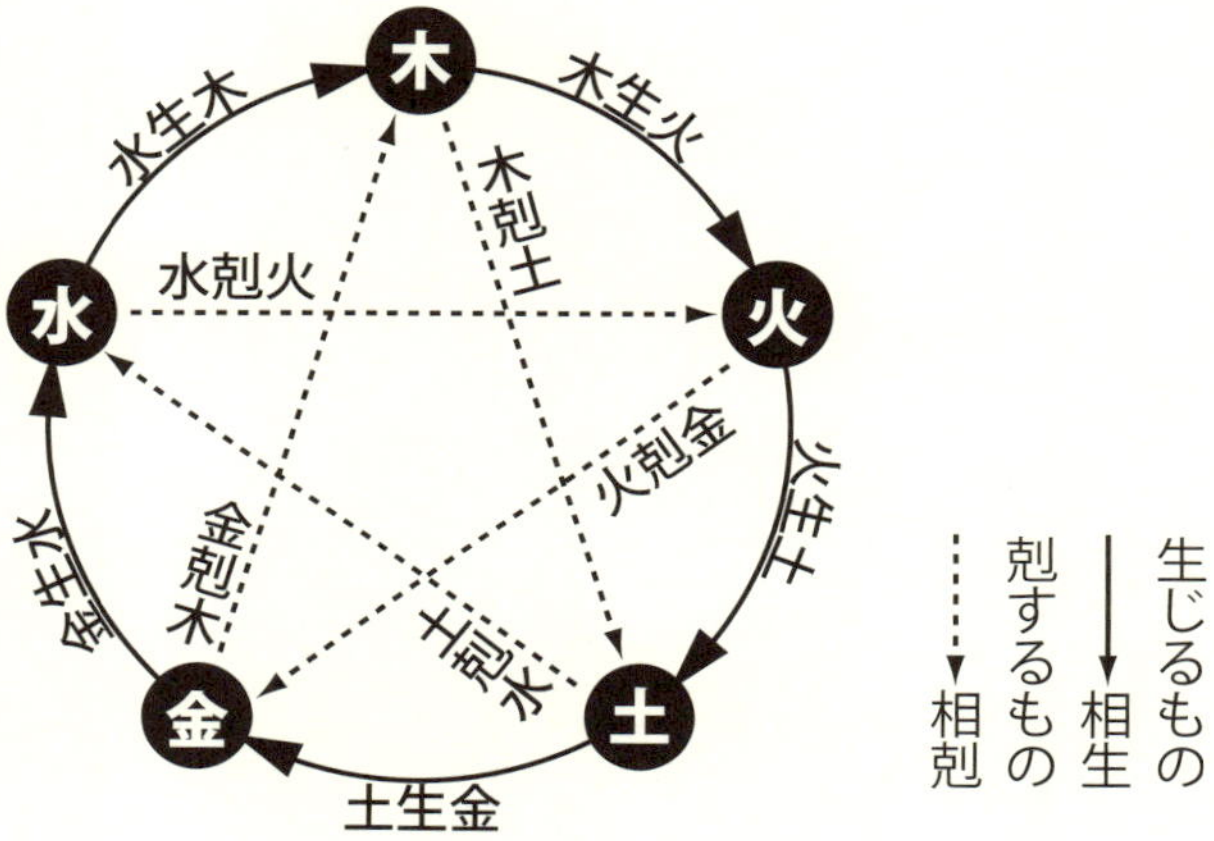

【五行図】

五行図を上記に掲げます。相生関係と相剋関係があります。

相生関係とは、「木と水」、「火と木」、「土と火」、「金と土」、「水と金」の関係をいいます。

相剋関係とは、「木と金」、「火と水」、「土と木」、「金と火」、「水と土」の関係をいいます。

それではこの図を見ながら各五行の相関関係をわかりやすく解説しましょう。

まずは五行の相生関係について説明します。

木の摩擦で火が生まれる。火は燃えつきて土になる。土の中から金が生まれる。金から水を生じる。水は木を育てる。これらの関係は相性がいいとみます。なぜなら自然法則だからです。「相生」所以です。

次に相剋の関係です。木は土の栄養を奪う．土は水をせき止める。水は火を消してしまう。火は金を溶かしてしまう。金が木を切る。これらの関係は相剋といい、相性が悪い関係です。「相剋」所以です。

この図から興味深いことがわかります。よく私の会員さんに指摘するのですが、複眼で見ると相生関係図と相剋関係図から面白い図形が現れます。お気づきの読者もいらっしゃるかもしれません。ポイントは相生方向外図と相剋方向内図です。形にしますと相生は◯で円相、相剋は☆で五角形です。

世界の国々の多くがこのマークを国旗に用いています。実は◯、☆の図形もエネルギーなのです。意味のある形のなかにはエネルギーを持つものが少なくありません。卍マーク、五芒星、六芒星の図形も宇宙エネルギー／自然エネルギーを象徴しています。詳しくは「象の巻」で解説いたします。

それでは五行の相関関係を理解いただいたところで、どのように活用するのかを説明しましょう。それにはまず、自分の「九星五行」を知ることです。

この「九星五行」とは「陰陽」と「五行」の「木火土金水」に加えて、一から九までの数字で表される「九星」のことをいいます。

ここで読者のみなさんは自分の生まれた年を基準にして「本命星」を割り出すことができるのです。

【九星表】

生まれ年からあなたの九星（本命星）をみつけて下さい。

生まれ年からみた九星（本命星）	五行	生まれ年（昭和）	生まれ年（平成）
一白水星（いっぱくすいせい）	水	2 11 20 29 38 47 56	2 11 20 29 38 47
二黒土星（じこくどせい）	土	1 10 19 28 37 46 55 64	元 10 19 28 37 46
三碧木星（さんぺきもくせい）	木	9 18 27 36 45 54 63	9 18 27 36 45
四緑木星（しろくもくせい）	木	8 17 26 35 44 53 62	8 17 26 35 44
五黄土星（ごおうどせい）	土	7 16 25 34 43 52 61	7 16 25 34 43
六白金星（ろっぱくきんせい）	金	6 15 24 33 42 51 60	6 15 24 33 42
七赤金星（しちせききんせい）	金	5 14 23 32 41 50 59	5 14 23 32 41
八白土星（はっぱくどせい）	土	4 13 22 31 40 49 58	4 13 22 31 40
九紫火星（きゅうしかせい）	火	3 12 21 30 39 48 57	3 12 21 30 39

この本命星で注意することは、二月の節分（三日頃）明けから翌年の節分までがその年の一年としてみることです。ですから、一月一日から節分（二月三日）までに生まれた人は前の年の九星になります。東京オリンピックは、平成三十二年に開催する予定です。

例えば、平成三十二年二月一日生まれの人の本命星は「八白土星」になります。ご注意下さい。ちなみに平成三十二年二月四日生まれの人の本命星は、「七赤金星」になります。

占いの世界では「星」というキーワードが登場しますが、「星」という漢字を分解しますと、「生」まれた「日」と書きます。昔から人が生まれるとその時の星の影響を受け、人生を歩んでいくのだとと信じられていたからなのでしょう。

そして五行理論の活用極意とは、今までお話しした自分の星と五行の関係をどのように活用するかにあります。

それではどのように活用するかを解説します。

「九星表」により自分の本命星を確認して下さい。一般的には次の九星に分類されます。一白水星、二黒土星、三碧木星、四緑木星、五黄土星、六白金星、七赤金星、八白土星、九紫火星です。

星の分類をみると、一白は水星です。二黒、五黄、八白は土星です。三碧、四緑は木星です。六白、七赤は金星です。九紫は火星です。ということはそれぞれの九星は五行に分類されているのです。これによって自分の星がどの五行なのかわかり、五行の性質を理解していれば、その原理を日常にどのように活かせば良いか自ずとわかってきます。

それでは具体的に五行の活かし方について解説しましょう。

「木、火、土、金、水」の五行ですが、活用極意は自分に味方してくれる相生の五行の色、形、素材を取り入れるということが基本になります。

例えば自分が二黒、五黄、八白の土星だとします。土星の相生の良い五行は火星です。つまり開運色は赤系、形は三角形、素材はプラスチックなどの加工品が土星の人には良いということです。

インテリアも然りです。食べ物も同様です。

参考にお話しします。木は酸味／肝臓、火は苦味／心臓、土は甘味／脾臓、金は辛味／肺臓、水は塩味／腎臓に対応しています。ということは土星の人には相生のいい火の要素、苦味の食べ物が体に良く、酸味の食べ物は体に良くないといえます。漢方の世界です。

【漢方五行図】

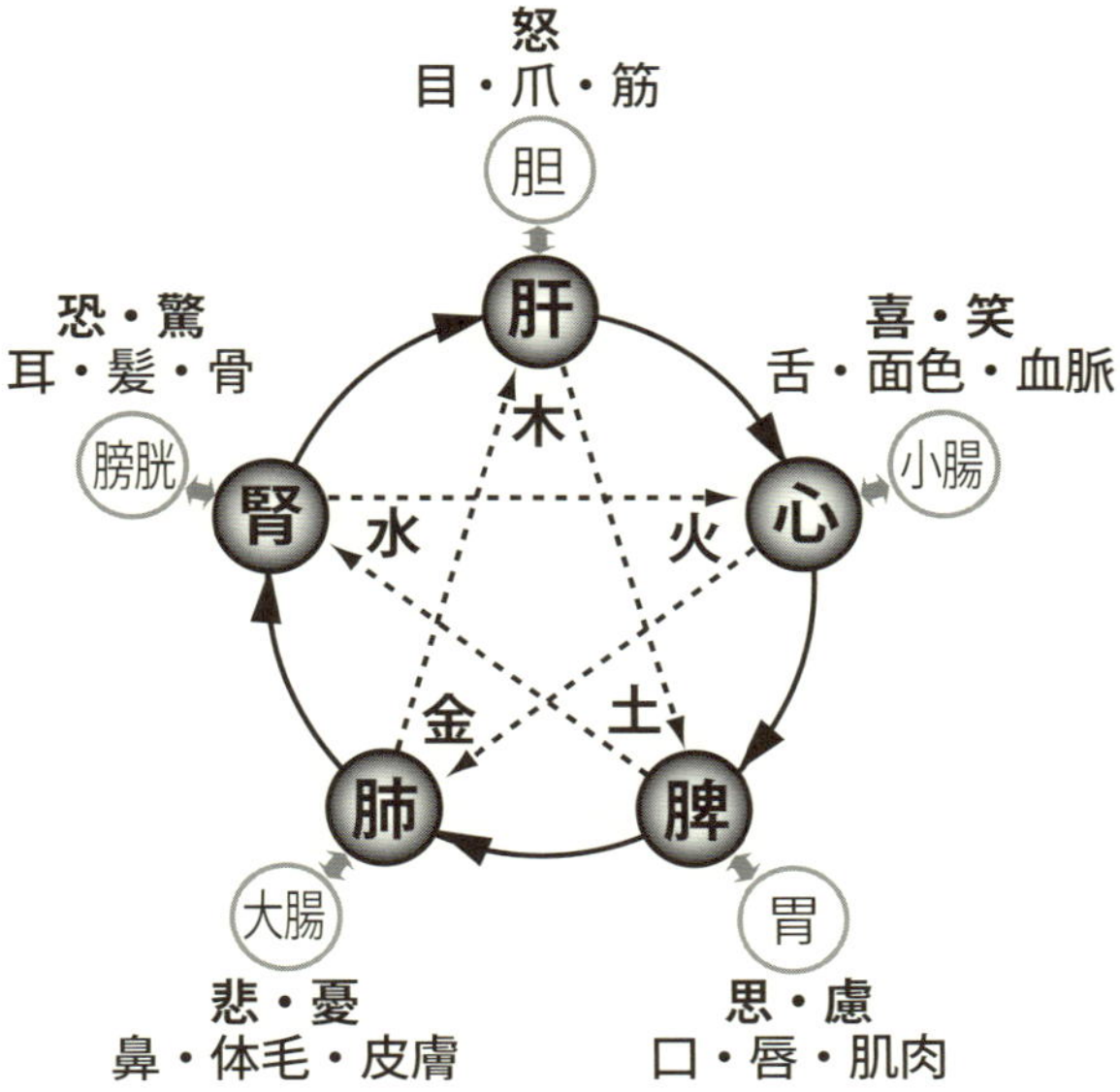

上記の他にも森羅万象に五行が配当されています。

	木	火	土	金	水
五季	春	夏	土用	秋	冬
五方	東	南	中央	西	北
五色	青	赤	黄	白	黒
五気	風	熱	湿	燥	寒
五味	酸	苦	甘	辛	鹹
五液	涙	汗	涎	涕	唾
生数	三	二	五	四	一
成数	八	七	十	九	六

「気学」を知って人生の選択肢を増やす

自分の「本命星」がわかると、今まで見えなかった自分が見えてきます。ここが大事なところです。人は自分自身のことを知っているようで意外に知りません。まずはここで自分自身の存在を確信して下さい。ここが開運のスタートです。

「天の法則を知る」ということで、その序曲として「陰陽五行原理」について解説しました。自然界は目には見えませんが、実際はこのような定理で世の中が動いているのです。ここから本題に入るわけですが、ならばその宇宙法則をあるがままに受け入れて、毎日の生活に活用した方が得策だということになります。

人は、天と地の間で暮らしています。ということで人間なのです。毎日、起きることは私たち人間にとって必要必然の事象なのです。自然界の法則です。ただ、私たち人間が、当たり前のことに気づいていないだけなのです。宇宙定理を味方にすれば楽に生きられます。この「楽に生きられる」ことが大事なところです。

本書では全体を通して、「見えない世界の原理を知って生きる」ということを主眼にしていきます。なぜなら、見えない部分こそが物の根源であり、現実の世界を動かし、表現しているからです。

そこで、見えない世界を知るという一つとして、天の巻で「気学」について解説しますが、そのルーツは、古来から脈々と伝わっていた「九星学」なのです。

この「気学」が明らかにするところは、人は母の体内から「おぎゃ！」とこの世に誕生したその瞬間に宇宙から「気」のエネルギーを受けるとしています。その時に年・月・日・時刻のリズムを天から授かるのです。その四つの柱を六十干支で表わすのが「四柱推命」占いに代表される命式になるのですが、その人の運命は、この四つの六十干支の五行の関係性で決まってしまうと考えます。それは複雑すぎて、しかも運命ははじめから定まっている〝宿命〟となっています。それでは、人は運命を変えることはできません。

そこで、ここでは運命を変える術をもつ「気学」を中心に各九星を分析していきます。

しかも、この見方のほうが日本的でシンプルです。

ですからもう少し、お付き合いいただいて、「気学」のエッセンスを身に付けてもらいたいと思います。

さて、次に各九星の潜在的に持つ象意・運勢・性格・財運について、要点のみをまとめてみます。

なお、「運数」（補助数ともいう）ですが、自分を助けてくれる数をいいます。暗証番号などに使っていただくとあなたに幸運をもたらします。この数は一生変わりません。まずは自信を持って日常で活用してみて下さい。

☆一白水星（運数1・6）／中年運
象意　水卦・困難・秘密・苦悩・疑惑・失敗・交際・誘惑。
運勢　身内の援助よりも、他郷に出て認められ成功する。
性格　表面は温和で人と適合するが、内心は強情である。
財運　浪費癖がある。反面、大変細かい。こつこつ貯める。
☆二黒土星（運数5・10／8）／晩年運
象意　地卦・大地・母・妻・迷い・従順・労働・大衆。
運勢　幸運続き、不運続きの差が大きい。晩年は平穏。
性格　従順で人のために尽くす。努力家である。優柔不断。
財運　収支・支出は共に細かい。こつこつ貯める。

☆三碧木星（運数3・8）／初年運
象意　雷卦・長男・音響・電波・宣伝・感情・君主。
運勢　若くして人の上に立つ。家や故郷を出る。波乱万丈。
性格　自己本意で一本気。内心は優しく繊細で悪気はない。
財運　行動に比例して収入が得られる。収入・支出が多い。
☆四緑木星（運数3・8）／初年運
象意　風卦・長女・縁談・整う・旅行・遠方・交際・営業。
運勢　若くして人に認められる。浮き沈みが多い。気まま。
性格　社交性に富み温順である。お人好しで、世話好き。
財運　こつこつ貯める経済家。収入・支出ともに細かい。
☆五黄土星（運数5・10）／晩年運
象意　土卦・天変・地変・異変・戦争・恐慌・反逆・破産。
運勢　波乱に富む。先祖の因縁が強い。大器晩成の野心家。
性格　外柔内剛型。頑固で自分勝手。慈悲深く、人望あり。
財運　生涯、金銭に困らない。逆境に陥ってもたくましい。

☆六白金星（運数4・9／1）／晩年運
象意　天卦・父・君主・政治家・権力・資本・完全・争い。
運勢　行動性があり、積極的に進む。地位・名誉を得る。
性格　独立・独行型の行動派。義侠心が強く情にもろい。
財運　金銭的に恵まれる。晩年は出費より収入が多くなる。
☆七赤金星（運数4・9／2）／晩年運
象意　沢卦・悦び・娯楽・酒食・結婚・浮気・金銭・散財。
運勢　人生の吉凶は、相手によって変化する。福禄運ある。
性格　陽気で社交性に富む。弁舌家で人に好かれ信望あり。
財運　一生金銭に不自由しない。金銭に対して貯蓄心豊か。
☆八白土星（運数5・10／7）／晩年運
象意　山卦・変化・引継・改革・停止・再生・相続・不動。
運勢　身内や他人の財産を相続する。多欲すぎる面あり。
性格　柔和に見えるが、内心強情で向上心・熱意がある。
財運　金運に恵まれる。晩年、大金が入る。賭事に注意。

☆九紫火星（運数2・7）／中年運
象意　火卦・火災・紛争・離別・信仰・華美・露見・文章。
運勢　外柔内剛型。指導者たる素質がある。学者・芸術家肌。
性格　見栄・自尊心が強い。親切心深く、寛容の心を持つ。
財運　特に強くも、弱くもない。金銭の出入りが激しい。

各星の「運数」の下に「初年運」「中年運」「晩年運」と記しましたが、共通する期間は平等にそれぞれ四十年間です。「初年運」とは二十代～五十代、「中年運」は三十代～六十代、「晩年運」は四十代～七十代を意味します。
その年代でいつの年代が大事かをいいますと、初年運の星の人は二十代、中年運の人は四十代、晩年運の人は六十代となります。この原理を心に銘じておいて下さい。おのずとどのように人生を過ごしたら良いかのライフサイクルがプランできます。後ほど、解説いたします。

南東	南	南西
東		西
北東	北	北西

＊北は下、南は上

四	九	二
三	五	七
八	一	六

後天定位盤

七	六	四
九		一
三	二	八

先天定位盤

「盤」に秘められた運勢の流れを知る

さて、紹介した九星には、それぞれに方位があり、それを「九星飛宮図《きゅうせいひきゅうず》」として知られています。少々やっかいですが、それには、「先天定位盤《せんてんじょういばん》」と呼ばれるものと、「後天定位盤《こうてんじょういばん》」と呼ばれるものの二種類があります。

「先天定位盤」は、古代中国の王であった伏羲《ふっぎ》が黄河から突如現れた神馬の横腹に描かれていた模様から得たもので、宇宙の真理を表わしているとされています。さらに、夏《か》の時代、禹《う》王が洛水から現れた神亀の背に描かれていた図に森羅万象を見てとったものが「後天定位盤」といわれています。

　その違いは「先天定位盤」には、中央が空になっており、「後天定位盤」には中央が存在します。どちらの場合も、北が下で上が南、左が東で右が西で表現されています。

　そのいわれは、「君子、南面する」といい、古代、中国の王は北を背にして座りました。君子の目の前に見える光景は南面となり、太陽が左手の東から上り、右手の西に沈むことを実感できたのです。ですから目の前に見える光景は世の中の縮図ということになります。

　これから説明する図はすべて北が下になりますので間違いないよう気をつけて下さい。

		南		
	巽宮	離宮	坤宮	
東	震宮	中宮	兌宮	西
	艮宮	坎宮	乾宮	
		北		

		南		
	四緑	九紫	二黒	
東	三碧	五黄	七赤	西
	八白	一白	六白	
		北		

　「先天定位盤」は、一白水星が西に、二黒土星が北に、三碧木星が北東、四緑木星が南西、五がなく、六白金星が南に、七赤金星が南東、八白土星が北西、九紫火星が東となっています。

　「後天定位盤」は、一白水星が北に、二黒土星が南西、三碧木星が東に、四緑木星が南東、五黄土星が中央となり、六白金星が北西、七赤金星が西に、八白土星が北東、九紫火星が南になっています。

基本的にこれから用いる盤は、一から九まである「後天定位盤」になります。

宮の説明

さて、この八方位と中央の九つの場所は、「宮《きゅう》」と呼ばれます。各方位の宮には名称があり、易の「八卦《はっか》」からきています。

北の坎宮《かんきゅう》には一白水星、南西の坤宮《こんきゅう》には二黒土星、東の震宮《しんきゅう》には三碧木星、南東の巽宮《そんきゅう》には四緑木星、中央の中宮《ちゅうきゅう》には五黄土星、北西の乾宮《けんきゅう》には六白金星、西の兌宮《だきゅう》には七赤金星、北東の艮宮《ごんきゅう》には八白土星、南の離宮《りきゅう》には九紫火星が定位置としておさまっているのが「後天定位盤」というわけです。

さて、この「後天定位盤」の各宮に配された九星は、面白いことに、その数の配列に妙があり、縦、横、斜めと3つの宮の数を足すと、いずれも15になります。マジックの世界では「魔方陣」としてよく知られています。

南

	巽宮	離宮	坤宮	
東	震宮	中宮	兌宮	西
	艮宮	坎宮	乾宮	

北

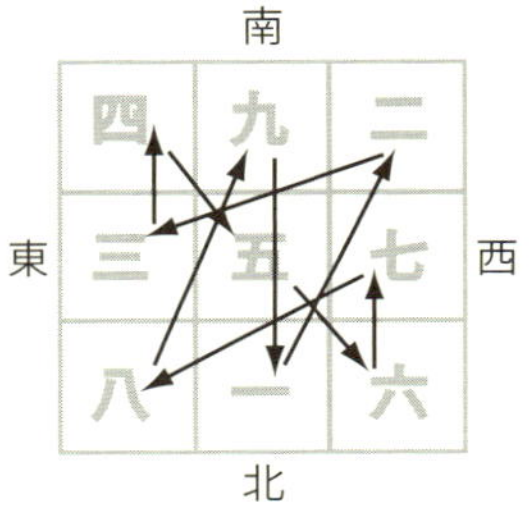

三	八	一
二	四	六
七	九	五

八	四	六
七	九	二
三	五	一

一	六	八
九	二	四
五	七	三

二	七	九
一	三	五
六	八	四

四	九	二
三	五	七
八	一	六

六	二	四
五	七	九
一	三	八

七	三	五
六	八	一
二	四	九

九	五	七
八	一	三
四	六	二

五	一	三
四	六	八
九	二	七

上図は、九星の飛宮を表わしています。

中宮→乾宮→兌宮→艮宮→離宮→坎宮→
坤宮→震宮→巽宮→中宮へ

【九星飛宮図】

この「後天定位盤」は、年ごとに九星が宮を移動します。それを「飛宮《ひきゅう》」といいますが、図のように九星は規則性を持って各宮を順に飛宮します。この星の動きは、宇宙のリズムと一体化しているといわれています。

各星は各宮を順に飛宮し、在泊した宮との関係により、各九星の運気や方位に影響を及ぼします。

この星の動きこそ自然界のエネルギーそのものであり、

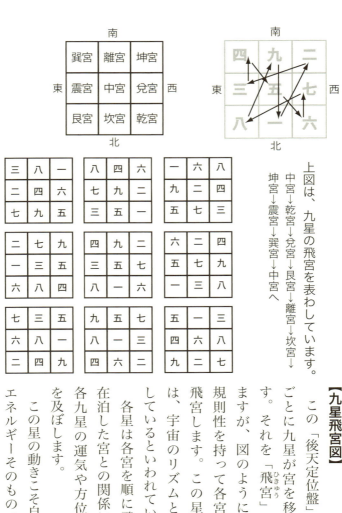

宇宙法則なのです。
九星は年ごとに飛宮すると書きましたが、実は、月によっても、日によっても年と同様に飛宮しており、日々、毎月、毎年、それぞれ飛宮し在泊することを「回座《かいざ》する」といいます。

各宮に在泊（回座）した九星の運勢
＊坎宮＝何事も苦労・悩みが多く、気力・体力も衰える時。
＊坤宮＝これからの開運のために、計画・準備をすべき時。
＊震宮＝新しい計画を実行に移す時。吉凶が表面化する時。
＊巽宮＝仕事や縁談が成立する。遠方取引、計画実行の時。
＊中宮＝過去を反省し、未来の方向を見定める小休止の時。
＊乾宮＝何事も強運の時。積極的に活動・充実・拡張の時。
＊兌宮＝精神的な苦労から解放、悦びの多い時。後半低下。
＊艮宮＝突然の環境変化が生じる時。相続問題。運気衰退。
＊離宮＝離合集散。表面化する時。争い事多い。運気頂点。

各九星の運気

自分の本命星（九星）が、各方位（宮）に回座した時の運気です。
九星が九宮を飛宮するので、九年サイクルのリズムになります。また、それにともない運気には、年運、月運（次頁の表を参照）、日運があります。

北／坎宮（35点）　本厄（不審・発病）
＊試練／悩み／苦労／子供／部下／出費／色情／副業／病魔
南西／坤宮（65点）　後厄（渋滞・破産）／吉凶変化
＊渋滞／無気力／忍耐／準備／整理／過労
東／震宮（85点）
＊活気／行動／躍動／前進／飛躍／表面化／持病の再発
南東／巽宮（95点）
＊盛運／繁栄／解決／達成／恋愛／縁談／旅行／健康管理
中央／中宮（60点）　命厄（体調変化）／吉凶変化

＊頂点／状況変化／運気転換／心身変化／変調／健康注意

北西／乾宮（90点）

＊活気／自信／拡張／昇進／多忙／独断／反感／交通事故

西／兌宮（80点）

＊金銭の動き／娯楽／旅行／結婚／散財／口論／色情問題

北東／艮宮（50点）　因厄（土地・相続）／先祖因縁

＊変化／動揺／改革／後継者／不動産／起死回生／心身疲労

南／離宮（75点）　前厄（裁判・離別）

＊引立／昇進／転職／芸術／学問／不倫／離別／表面化

月＼年	一白、四緑、七赤の年	二黒、五黄、八白の年	三碧、六白、九紫の年
寅月 2/4頃	八白	二黒	五黄
卯月 3/6頃	七赤	一白	四緑
辰月 4/5頃	六白	九紫	三碧
巳月 5/6頃	五黄	八白	二黒
午月 6/6頃	四緑	七赤	一白
未月 7/7頃	三碧	六白	九紫
申月 8/8頃	二黒	五黄	八白
酉月 9/8頃	一白	四緑	七赤
戌月 10/8頃	九紫	三碧	六白
亥月 11/8頃	八白	二黒	五黄
子月 12/7頃	七赤	一白	四緑
丑月 1/6頃	六白	九紫	三碧

ただし、年運、月運の方位（宮）に、暗剣殺（ア）、年破／月破（ハ）がついた場合、運気が下がりますので注意しなければなりません。

南

	5月 巳	6月 午	7月 未	
4月 辰	四 巽	九 離	二 坤	申 8月
東 3月 卯	三 震	五 中	七 兌	酉 9月 西
2月 寅	八 艮	一 坎	六 乾	戌 10月
	丑 1月	子 12月	亥 11月	

北

暗剣殺とは―五黄土星が回座した宮と反対の宮に付く凶の作用をいう。

ア

三	八	一
二	四	六
七	九	⑤

九	⑤	七
八	一	三
四	六	二

ア

歳破、**月破**とは―その年の干支、その月の干支のある宮と反対の宮に付く凶の作用をいう。

未年

未

九	五	七
八	一	三
四	六	二

ハ

午(6)月

午

三	八	一
二	四	六
七	九	五

ハ

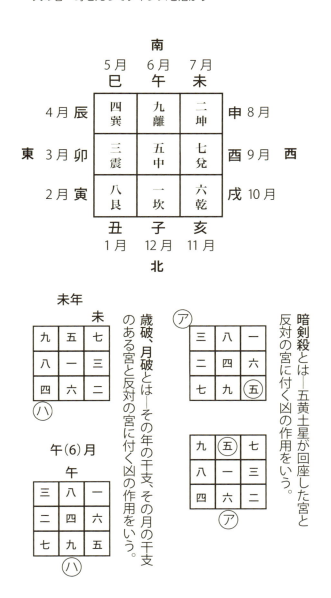

ここまでは「気学」の一般的な解説です。さらに深く「気学」を勉強したい方は専門書をお読み下さい。本書では、さまざまな術を駆使して、あなたの運勢を高めるための方策を練り上げています。そこで、この「気学」から私の新研究を発表しようと思います。

次に掲げる「年代飛宮図」は「九星飛宮図」を年代順に発展させたものです。人の一生を年代別（十代〜九十代）に読むことができます。新時代に即した新システムといってもいいでしょう。私の発案で本邦初公開になります。

【年代飛宮図】

	巳	午	未	
辰	八十代 巽	四十代 離	六十代 坤	申
卯	七十代 震	生／死 中	二十代 兌	酉
寅	三十代 艮	五十代 坎	十代 乾	戌
	丑	子	亥	

各年代によって、回座している宮の象意を受けます。

0代（中宮）⇩十代（乾宮）⇩二十代（兌宮）⇩
三十代（艮宮）⇩四十代（離宮）⇩五十代（坎宮）⇩
六十代（坤宮）⇩七十代（震宮）⇩八十代（巽宮）⇩
九十代（中宮）へ返る

＊0代／中宮＝何事も強運の時。積極的に活動・充実・成長の時。
人は「おぎゃ！」と泣いて生まれた時から、九才までは周囲の影響を体験しながら、親の愛を育んで成長します。この期間は興味のあるものは何でもやればいいです。将来の自分を創る大事な時期です。

＊十代／乾宮＝何事も強運の時。積極的に活動・充実・拡張の時。
十才から十九才までは、試行錯誤しながら新しいことに挑戦します。充実した時を過ごしますが、怪我、事故に注意する時でもあります。特に交通事故には気をつけて下さい。友人とのトラブルにも巻き込まれないように注意が必要です。ある程度自我を抑えてながら生きることも大事です。

＊二十代／兌宮＝精神的な苦労から解放、悦びの多い時。後半低下。
二十才から二十九才は楽しい時代を過ごすようになっています。素敵な人と巡り合う年代でもあります。世の中の多くの誘惑もありますが、散財には気をつけて下さい。でも自己投資は大事です。後半には仕事面の低下に注意して下さい。将来の自分の伴侶を見つけるにはいい時代です。先手必勝です。

＊三十代／艮宮＝突然の環境変化が生じる時。相続問題。運気衰退。

三十才から三十九才までは運気が変化いたします。仕事や生活に迷いが生じます。親戚関係や縁談にも注意を払いながら行動しましょう。プラス発想で乗り越えることが大事です。将来に対しての改善・改革が飛躍の原点です。

＊四十代／離宮＝離合集散。表面化する時。争い事多い。運気頂点。

四十才から四十九才までは華やかな年代でもあります。人によっては周囲から認められ引立てに合い社会から評価を受ける年代です。離合集散という象意もあるため、離婚や離職があるかもしれません。よくわきまえて行動して下さい。四十代前半は必死になって仕事をすべきです。この行動が将来の自分を創ってくれます。

＊五十代／坎宮＝何事も苦労・悩みが多く、気力・体力も衰える時。

五十才から五十九才までは悩みの多い年代です。人間関係に悩んだり、自分の健康状態にも自信が持てず、不安に陥るかもしれません。生きる極意は今まで生きてきたことを振返り整理する時です。あらゆる分野を再整理することで、今後六十代からの行動が見えてきます。健康状態をクリアするために健康診断を受けて、問題が生じれば早く対処すべきです。また、十二支では子という場所でもあり、今後を見つめながら種まきをする時でもあります。充実した人生はこれからです。

＊六十代／坤宮＝これからの開運のために、計画・準備をすべき時。
今までは六十才の還暦で定年がありましたが、今は寿命も伸び六十五才定年になりました。ということで、今後迎える老後のために、準備をすべき年代に入ります。六十五才頃から体調や知力も落ちますから注意して下さい。輝ける新しい時代が待っています。
＊七十代／震宮＝新しい計画を実行に移す時。吉凶が表面化する時。
ここまでくると人生が楽しくなります。今までやりたかった趣味に興じて下さい。人は好きなことをしていると、脳波がシーター波になり、無心になるので元気が出てきます。人生、再スタートの時です。健康診断も受けて下さい。
＊八十代／巽宮＝仕事や物事が成立する。社会から信頼・信用される時。
人間関係も上手くいき、今まで自分が望んできたことが成就します。大いに自然と親しみ、多くの人との出会いにより、人生が充実します。そんなことを願いながら八十代を謳歌するべきです。人生を堪能し、次の年代を迎えるにあたって身辺整理すべき時でもあります。こう考えると人生は楽しくなります。
＊九十代／中宮＝過去を反省し、未来の方向を見定める静観の時。
九十代になると中宮に入ります。輪廻転生といいますか、人間、生まれた時のように赤

ちゃんに戻ります。今まで生きてきた人生を振り返り、何かを残し、やがて死を迎えます。

今回の「年代飛宮図」はいかがでしたか？　私たちは縁あってこの世に誕生したからには、生まれてきた意味を知り、後世にメッセージを残していく使命があります。使命を活かす極意は、自然に逆らわず、宇宙法則に従い、前掲した各九星の初年運、中年運、晩年運の意味をかみしめながら行動し、人生全うすることだと思います。

家相の見方

気学の座山《ざざん》的な鑑定に家相があります。家相には「家相八方位の象意」があります。自分の家の中心を太極として家全体を見ると、家の中の八方位がどんな象意で存在しているかを知ることができます。また家相には、各八方位をさらに三分割した「二十四山方位の吉凶」があります。

わが国の家相が確立したのは江戸時代です。当時は便所は汲み取り式でした。水も井戸が中心です。明かりもローソクが主です。と考えると、今まで伝わっているわが国の家相の概念も、私たちが暮らしている現代とは、設備などの進化で当然違ってきます。
つまり、家相の考え方も時代の変化と共に変える必要があります。
ここに、今までわが国に受け継がれてきた家相の「二十四山方位の吉凶」を整理してみました。はたして吉凶が100パーセント正確かどうかは体験してみないとわかりません。まずはこれらの考え方を念頭に入れて次に掲げる「家相盤／家相八方位の象意」と家相の「二十四山方位の吉凶」をとらえみて下さい。

家相盤／家相八方位の象意

家相盤の中心を建物の中心の上に置き、張り、欠けの状態と八方位の象意とをみながら家相を判断します。家相の見方として、表鬼門と裏鬼門の作用は万人に影響します。そして、他の方位の現象は、九星定位の人のみに作用します。

家相八方位の象意
「北」万物の始まりで神聖な方位／健康・運勢に関係する。
「北東」表鬼門方位／健康、運勢に影響する。不浄物不可。

家相の二十四山方位

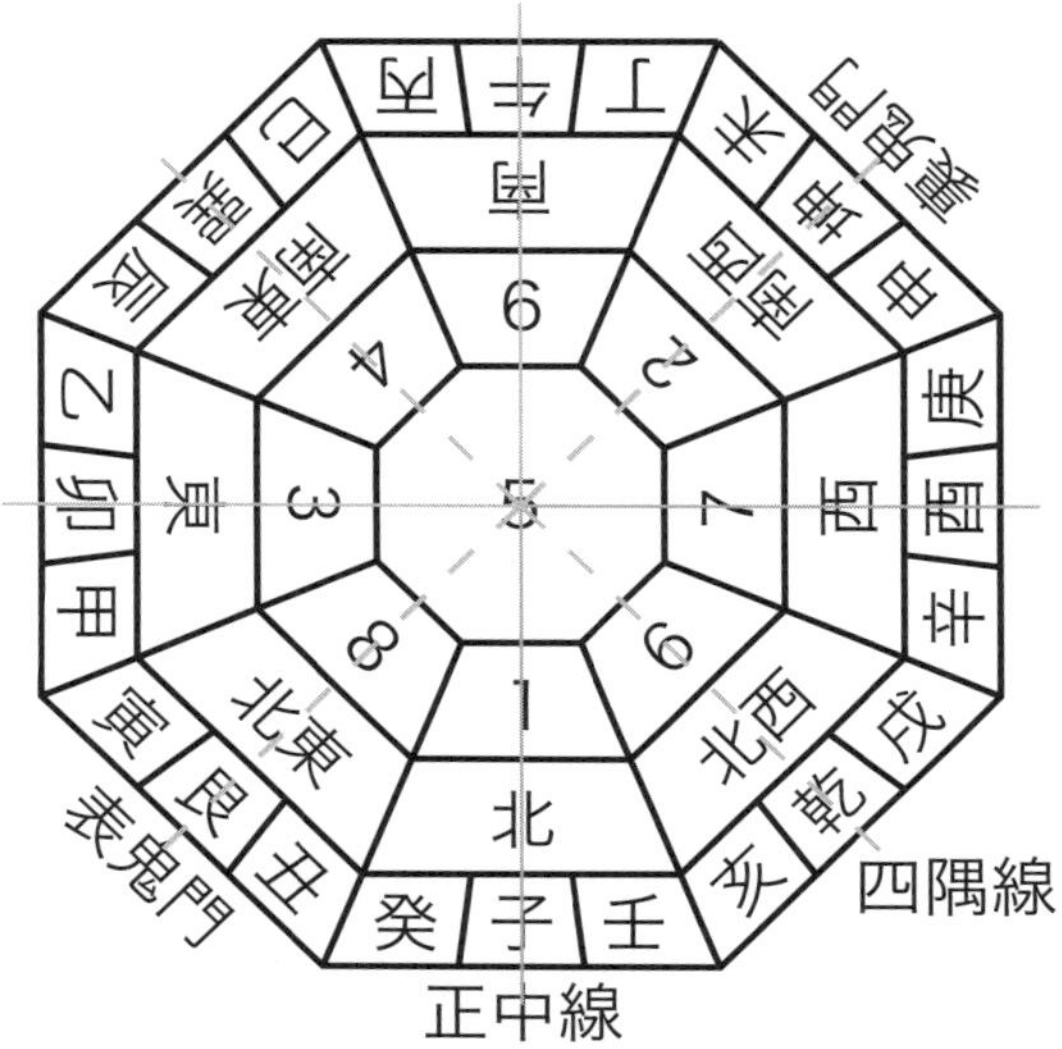

「東」陽気の発生する方位／交友関係、家業繁栄を意味する。

「東南」万物が整う方位／信用性、家内繁栄を意味する。

「南」陽気旺盛の方位／人間関係、名誉、引立を意味する。

「南西」裏鬼門方位／主婦、家庭を意味する。不浄物不可。

「西」万物収穫の方位／金銭、収穫、和合を意味する。

「西北」収蔵・充実の方位／財産、資金、家運を意味する。

「中央」家の太極／家長、家運、財運、健康面を意味する。

家相の二十四山方位の吉凶

壬の方位は、台所・便所・浴室可、納戸・倉庫・貯蔵庫吉、井戸吉
子の方位は、台所・便所・浴室凶、不浄物凶、水溜り不可、張出吉
癸の方位は、台所・便所・浴室可、納戸・倉庫・貯蔵庫吉、泉水吉
丑の方位は、台所・便所・浴室凶、井戸・水溜り凶、門・出入口凶
艮の方位は、台所・便所・浴室凶、門・玄関不可、神仏不可、張凶
寅の方位は、台所・便所・浴室凶、門・玄関不可、神仏不可、蔵凶
甲の方位は、台所・便所・浴室可、門・玄関吉、張出し吉、泉水吉
卯の方位は、便所・台所凶、門玄関・庭園吉、本宅より高き建物凶
乙の方位は、台所・便所・浴室・井戸吉、門・玄関は吉、欠け込凶
辰の方位は、台所・浴室・井戸可、便所不可、門・玄関吉、神仏可
巽の方位は、台所・便所・浴室凶、門・玄関吉、神仏可、欠け込凶
巳の方位は、台所・浴室・井戸可、便所不可、門・玄関吉、倉庫吉
丙の方位は、台所・便所・浴室・井戸・池凶、門・玄関吉、庭園吉
午の方位は、台所・便所・浴室凶、庭園吉、池泉水は凶、欠込み凶

丁の方位は、台所・浴室・池泉水凶、門・玄関吉、倉庫吉、庭園吉
未の方位は、台所・便所凶、張出・物置凶、門・玄関凶、神仏不可
坤の方位は、台所・便所・不浄物・池大凶、張出し凶、門・玄関凶
申の方位は、台所・浴室・井戸・不浄物・池凶、欠込み凶、玄関凶
庚の方位は、台所・便所・浴室・井戸可、神仏吉、門玄関・築山吉
酉の方位は、台所・便所・浴室凶、玄関・入口凶、家宅の張欠込凶
辛の方位は、台所・便所・浴室可、玄関・出入口吉、家宅の欠込凶
戌の方位は、台所・便所凶、神仏吉、主人の寝室吉、家宅の張出吉
乾の方位は、神仏祭祀・主人の寝室吉、倉庫大吉、家宅の張出し吉
亥の方位は、台所・便所・浴室吉、金庫・倉庫吉、家宅の張出し吉
中央は、階段室・便所・地下室大凶、中廊下・中庭・仏壇凶

参考までに平面図に家相盤を乗せた図を掲載します。一般的には「二十四山方位」ということで、ここで掲げた放射式家相盤を使います。この場合、方位盤と平面図の南北を間違わないよう注意して下さい。次章の地の巻ではグリッド式を紹介します。

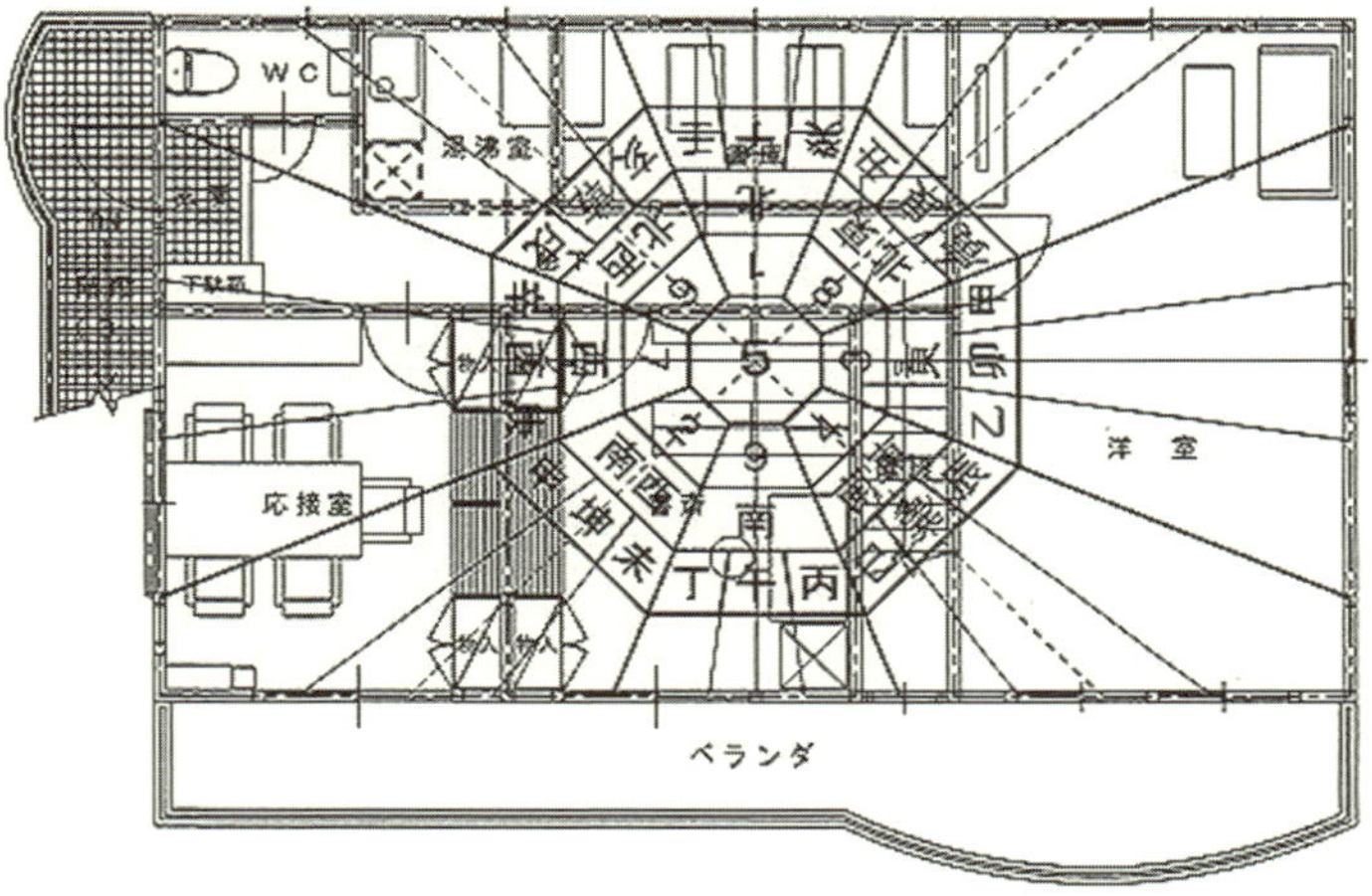

2階平面図

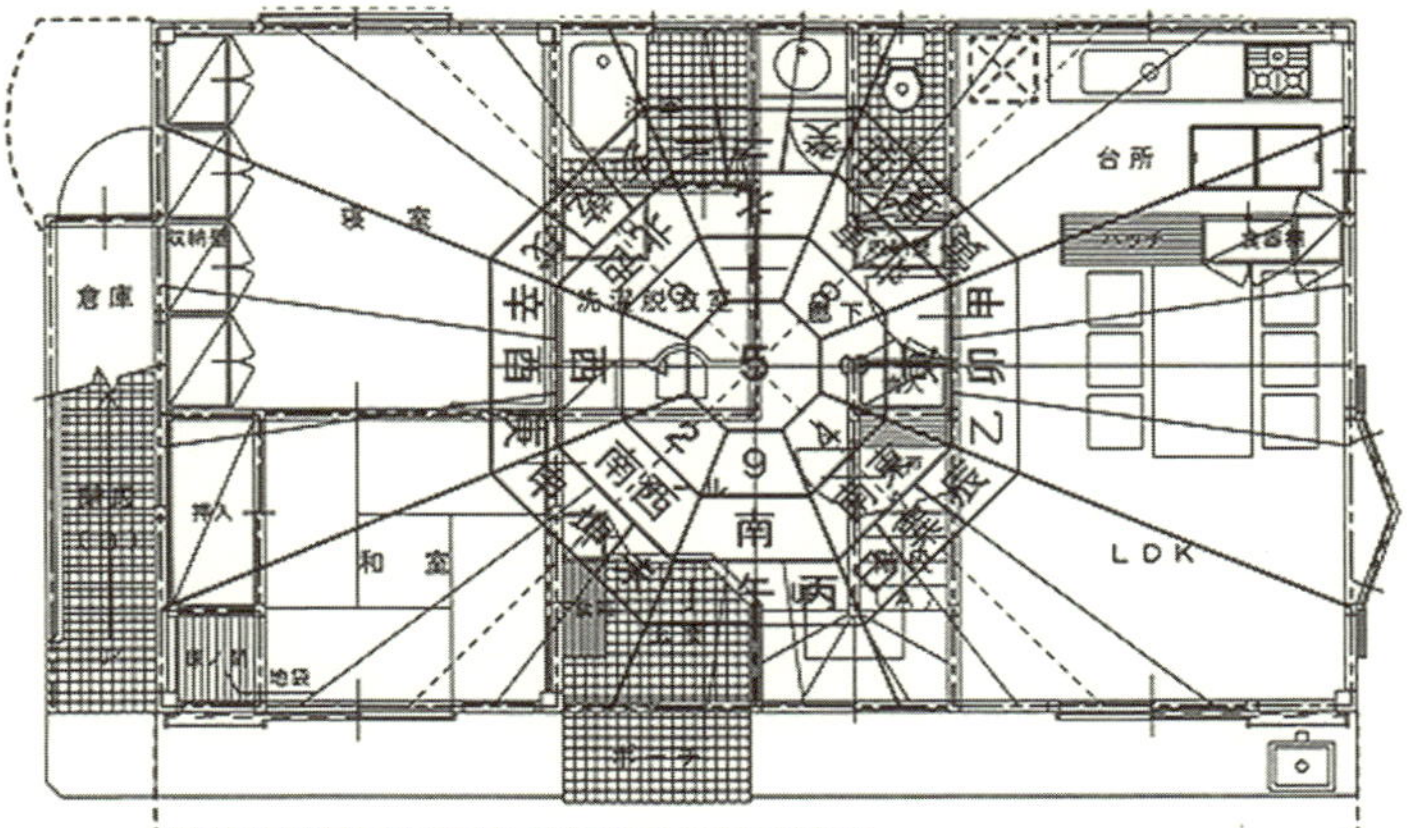

1階平面図

九星からみた適職

職業は人生の善し悪しの大半を占めるほどの大きな要素です。あなたの職業が適職かどうか、あなたが扱っている商材があなたに合っているかどうかについて検証してみます。

それでは、「九星からみた適職」を公開します。この表の見方ですが、あなたの本命星をもう一度確認して、その九星をみて判断して下さい。

もし、あなたの職業が適職であれば、問題なく今の仕事を続けてＯＫです。同様に、今あなたが扱っている商材が、あなたの九星にあれば、悩むことはありません。さらにこの分野をあなたの知恵を使って伸ばして下さい。

さらに、応用例としては、あなたを助けてくれる九星（大吉）の商品の検討も必要です。また、あなたが助ける九星（小吉）の商品の検討も大事です。

たとえば七赤金星であれば、二黒土星、五黄土星、六白金星の職業で扱うものや一白水星の職業で扱う商品なども、用い方次第では吉であるということです。

早速、検討してみることをお勧めいたします。あなたの新たな職に出会えるかもしれません。

ここで、人生を快適に生きる極意を伝授しましょう。

「**好きなことをして生きる。好きなことを仕事にする**」

これは当たり前のことですが、大事なフレーズです。適職イコール「好きなこと」でもあるのです。

・一白水星年生まれの人
画家、書家、牧師、尼僧、外交員、釣り具店、漁師、魚店、銭湯、印刷業、塗装業、彫刻師、表具師、染物師、漆塗師、クリーニング店、喫茶店、料理飲食業、質店、酒店、ガソリンスタンド、看守、消防署員、病院、産院、老人ホーム、水道関係企業、薬局、文具店、人形店、一般的に水商売といわれる職業

・二黒土星年生まれの人
古本店、リサイクル業、骨董品店、靴店、左官、乾物店、力士、ボクサー、職人、農業、駄菓子屋、パン屋さん、大衆食堂、棋士、土木関係（土砂石材）、大衆娯楽、露天商

・三碧木星年生まれの人
医師（精神科）、音楽家、楽器店、歌手、浪曲師、漫才師、落語家、レコード店、電気店、

無線技師、作家、アナウンサー、司会者、解説者、鍼灸師、運転手、大工、庭師、パチンコ店、宣伝マン、郵便局員、青果商、カラオケ、電話関係業、ＩＴ関係

・四緑木星年生まれの人

政治家、僧侶（尼僧）、ガイド、パイロット、運転手、交通関係者（トラベルサービス）、大工、建具商、材木商、運送業、彫刻師、船舶業、美容師、理髪店、呉服店、飲食店、集配人、セールスマン、洋品店、青果店、出版業、広告宣伝業、貿易業、俳優、小説家、化粧品店、花屋、乾物店、家具店、紡績業、パルプ関係業

・五黄土星年生まれの人

スクラップ業、ノンバンク、不動産業、肥料商、中古車販売、解体業、再生業、理髪師、美容師、セレモニーセンター、修理業、土木建築、木工、トビ職、あらゆる職業に順応

・六白金星年生まれの人

教師、宗教家、司法官、税務官、警官、弁護士、政治家、銀行員、金融業、宝石・貴金属商、靴店、傘店、自動車店、アスリート、易者、株式売買、機械業、生命保険業、ガラス店、ミシン店、メガネ店、仏具店、帽子屋、高級菓子店、時計店、薬局、ゴルフ店、カメラ店、プログラマー、パイロット、キャンビン・アテンダント

・七赤金星年生まれの人

娯楽関係、コンサルタント、弁護士、仲介人、通訳、セールスマン、料理飲食業、喫茶店、パン店、菓子店、食料品店、食器店、歯科医、金融業、金物業、金属加工業、易者、宝石商、証券マン、酒店、バー、スナック、パチンコ店、スケート場、刃物店、楽器店、バック鞄店、工具店、玩具店、修理店、ホステス、コンパニオン、ゲームセンター、一般的に水商売といわれる職業

・八白土星年生まれの人

宗教家、仲介人、守衛、ガードマン、駅員、問屋、ホテル、アパート業、石材店、建材業、家具商、レストラン、ビル経営、不動産業、瓦業、保健所、警察官、菓子店、取次店、外交員、骨董品店、肉屋さん、リサイクル業、自動車販売業

・九紫火星年生まれの人

学者、書家、著述家、小説家、美術家、音楽家、装飾家、裁判官、警察官、消防士、検査官、税務官、政治家、監視員、看守、鑑定師、測量技師、耳鼻咽喉科、眼科医、教師、薬剤師、宗教家、顧問、花店、メガネ屋、画商、書店、アクセサリー・デザイナー、出版業、印刷業、宣伝広告業、新聞記者、カメラマン、文房具店、証券業、保険業、テレビ・

ラジオ業界、新聞販売店、光学関係業界、興業関係、仏具店、美容師、理髪師、酒屋、鋳物業、船員、看護婦、化粧品店、雑貨店、市場商人、印章業、モデル、手芸店、脚本家、演出家、照明器具店、熱帯動植物店、キャンビン・アテンダント

さて、ここで九星の持つ隠れた本質を浮かび上がらせてみましょう。その新たな見方を公開します。九星を3つのブロックで置き換えて見る方法です。

3ブロック九星の隠れた本質

一白水星（中年運）	四緑木星（初年運）	七赤金星（晩年運）	水、風、沢	**自然**
二黒土星（晩年運）	五黄土星（晩年運）	八白土星（晩年運）	地、土、山	**風土**
三碧木星（初年運）	六白金星（晩年運）	九紫火星（中年運）	雷、天、火	**宇宙**

一、四、七……何かを気づきませんか？　そうです。麻雀の筋《すじ》です。このスジを眺めていますと何か共通・関連するものが見えてきます。

一、四、七は水・風で自然、二、五、八は風土、三、六、九は天で宇宙を感じませんか？
このように3つの九星ブロックには共通点があります。

一、四、七の九星の人は、自然と同化して生活すると良いのです。ただし、初年運、中年運、晩年運は各九星によって違っています。自然を味方につける生き方をして下さい。
二、五、八の九星の人は、土地、風土のパワーを実践すると良いのです。住んでいる地形を活用すべきです。泥臭く生きるのもいいです。二、五、八の九星人はみな晩年運です。あせらず晩年を目標に行動計画を立てて生きるべきです。
三、六、九の九星人は天の声（直感）を意識して行動して下さい。ただし、初年運、中年運、晩年運は各九星によって違っています。人間関係を大事にして生きることが極意で、人との縁が運気をもたらします。
このような見方も従来の九星術を分析し、新時代に即した生き方の活用法なのかもしれません。

ここまでは生まれた年の九星を中心に解説してきましたが、それでは各九星人がみな同じ運勢、性格、財運かといいますと、同じ九星でも性格が違います。なぜかといいますと、生まれた月、生まれた日が違っているからです。さらに同じ生年月日でも生まれた環境やDNAによっても変わってきます。

それでは生まれた月、日による性格の違いをさらに検証してみます。

次に掲げる表ですが、先ほど説明したブロック別の生まれ年から、生まれた月によって九星が割り出せるようになっています。割り出した九星を「月命星《げつめいせい》」と呼びます。

ということは、本命星は同じでも月命星が違うと、その運勢や性格が微妙に変わってくるということなのです。40頁の各月の九星と同じ表ですが、もっとわかりやすくまとめてあります。月命星がわかったら、その九星の性質も持ち合わせていることですので、本命の九星の性格を参考にみて下さい。

【生まれた年と月でみる月命表】

まず、あなたの本命星を上段でみつけて、誕生日に当てはまる欄（何月か）の九星が月命となります。

生まれ月＼生まれ年の九星	一白水星・四緑木星・七赤金星 生まれ（本命星）	二黒土星・五黄土星・八白土星 生まれ（本命星）	三碧木星・六白金星・九紫火星 生まれ（本命星）
寅月 2/4〜3/5頃	八白土星	二黒土星	五黄土星
卯月 3/6〜4/4頃	七赤金星	一白水星	四緑木星
辰月 4/5〜5/5頃	六白金星	九紫火星	三碧木星
巳月 5/6〜6/5頃	五黄土星	八白土星	二黒土星
午月 6/6〜7/6頃	四緑木星	七赤金星	一白水星
未月 7/7〜8/7頃	三碧木星	六白金星	九紫火星
申月 8/8〜9/7頃	二黒土星	五黄土星	八白土星
酉月 9/8〜10/7頃	一白水星	四緑木星	七赤金星
戌月 10/8〜11/7頃	九紫火星	三碧木星	六白金星
亥月 11/8〜12/6頃	八白土星	二黒土星	五黄土星
子月 12/7〜1/5頃	七赤金星	一白水星	四緑木星
丑月 1/6〜2/3頃	六白金星	九紫火星	三碧木星

例えば、六白金星の本命星の人で、五月十六日生まれの人の月命星は、二黒土星となります。五黄土星の本命星の人で、六月二十一日生まれの人の月命星は、七赤金星です。また、四緑木星の本命星の人で、十月十日生まれの人は、九紫火星の月命星となります。

ですから、あなたの性格、そして運勢を見る場合、まず本命星がどの星であるかということを調べ、生まれ月から月命星を割り出し、あなたの潜む性格をその星から知ることができるのです。

さらに日の九星もあるのですが、私の経験では、生まれた日の九星で判断するより、生まれた日干支による性格の方がはっきりでるようです。なぜなら星だからです。

本書では頁の関係上、割愛しますが、興味のある人は四柱推命の日干支の解説や、干支学などをご参照下さい。

さて、気学は方位学でもあります。一般的には各九星の吉方位に移動すればよいのです。ここで方位の活用法を解説しておきましょう。

運気を向上させるには、自分の本命星からみて生気《しょうき》、比和《ひわ》、退気《たいき》の吉方位に行き、その良い気を浴びてくることです（図である死気《しき》、殺気《さっき》の方位は避けて下さい）。

例えば、三碧木星の本命星であれば、一白水星が回座している方位が生気で大吉であり、四緑木星が回座している方位が比和で中吉、九紫火星が回座している方位が退気で小吉方位となります。それぞれの本命星の相性の良い九星が回座している方位に移動して運気をもらってくることが大切です。そのためには、その年の九星盤（年盤）、その月の九星盤（月盤）が必要で、それをチェックしながら、自分の本命星にとって大吉、中吉、小吉の星が回座している方位に旅行や移転をするのです。

ここに各九星の吉凶方位を掲げます。

【吉凶方位表】

本命星＼吉凶	大吉 生気	中吉 比和	小吉 退気	凶 死気	凶 殺気
一白水星	六白金星 七赤金星	なし	三碧木星 四緑木星	九紫火星	二黒土星 五黄土星 八白土星
二黒土星	九紫火星	八白土星	六白金星 七赤金星	一白水星	三碧木星 四緑木星
三碧木星	一白水星	四緑木星	九紫火星	二黒土星 五黄土星 八白土星	六白金星 七赤金星
四緑木星	一白水星	三碧木星	九紫火星	二黒土星 五黄土星 八白土星	六白金星 七赤金星
五黄土星	九紫火星	二黒土星 八白土星	六白金星 七赤金星	一白水星	三碧木星 四緑木星
六白金星	二黒土星 八白土星	七赤金星	一白水星	三碧木星 四緑木星	九紫火星
七赤金星	二黒土星 八白土星	六白金星	一白水星	三碧木星 四緑木星	九紫火星
八白土星	九紫火星	二黒土星	六白金星 七赤金星	一白水星	三碧木星 四緑木星
九紫火星	三碧木星 四緑木星	なし	二黒土星 八白土星	六白金星 七赤金星	一白水星

吉方位をとって運を高める

『易経』には、「吉凶は動より生ずる」という理があるように、気学では自分で動いて吉を得る術があります。自分の本命星にとって「大吉・生気《しょうき》」「中吉・比和《ひわ》」「小吉・退気《たいき》」である星が回座している方位に行って、その気を受け、自分の運を高めるのです。

ただ、注意しなければならないのは、「凶・死気《しき》」「凶・殺気《さっき》」と呼ばれる自分の本命星と相剋の星が回座している方位や「六大凶殺《ろくだいきょうさつ》」と呼ばれる方位を避けなければなりません。

日、月、年によって九星は飛宮しますので、吉の方位を定めるのは、なかなか難しいです。ですからここでは、年、月の吉方位とって運を高めいく方法を解説していきます。

「気学」では次のように吉方位を取ることが一般的です。

1、半永久的な移動の場合は、年盤・月盤の吉方を執る

2、一年以内の短期間の移動であれば、月盤でみる

3、二、三日の旅行や外泊であれば、月盤、日盤でみる（日盤のわかる暦が必要です）

まずは、自分の本命星から「大吉・生気」「中吉・比和」「小吉・退気」「凶・死気」「凶・殺気」が、それぞれどの星であるか覚えておきます。

六大凶殺方位

方位学は吉方位ばかりでなく「六大凶殺方位」といって、絶対に活用できない凶方位があります。次に掲げる六項目がそれです。

六大凶殺方位とは……

★五黄殺《ごおうさつ》方位（五）

＊五黄殺方位とは、五黄土星の在泊する方位。

＊新増改築および移転等にこの方位を用いると、五黄土星のもつ壊乱性、腐敗性の災害に遭う。

＊旅行においては、食中毒に注意し、病気は高熱を伴う。

＊信用、営業面の破壊、家庭不和の危険を伴う大凶方位。

★暗剣殺《あんけんさつ》方位（暗／ア）

＊暗剣殺方位とは、五黄土星の回座している正反対の方位。

＊五黄殺方位と同様に、万人共通の大凶方位である。

＊事故、剣難、怪我等の突発的災難に遭い、生死に関係する。

＊五黄殺の自動、自発的災難に対し、暗剣殺は他動的にくる。
★歳破《さいは》／年破方位（破／八）
＊その年の十二支の対沖（正反対）の方位が年破の方位。
＊この方位を侵すと、すべて「破れ」となる方位である。
＊営業上、信用上の破壊、部下の背任、健康面に破れの象意。
★月破《げっぱ》方位（破／八）
＊その月の地支の対沖（正反対）にあたる方位を月破という。
＊方位の意味としては、年破方位に準ずる。
★本命殺《ほんめいさつ》方位（本）
＊自分の本命星が回座している方位をいう。
＊自分から事故を起こしやすい。主に健康面を左右する。
★本命的殺《ほんめいてきさつ》方位（的）
＊自分の本命星が回座している正反対の方位をいう。
＊他人による事故犠牲、災難に注意。主に精神面を左右する。
六大凶殺方位の中でも五黄殺方位、暗剣殺方位、本命殺方位、

		南		
	六	二	四	
東	五	七	九	ア 西
	一	三	八	
		北		

七白金星・子の年の場合

	巳	午 八	未	
辰	六	二	四	申
卯	五	七	九	酉 ア
寅	一	三	八	戌
	丑	子	亥	

本命的殺方位の四大凶殺方位が大変危険で重要です。歳破／年破方位、月破方位は状況に応じて実践して下さい（下図を参照）。

天運を味方にした方位の活用法については、吉方位に旅行に行く「吉方位旅行」や、吉方位に引越しや移転を行う「吉方位移転」、さらには「各種造作法」といって吉方位に行って、ある造作を行うことにより願望を実現させる方法もあります。

ここでは、「吉方位旅行」「吉方散歩術」などを解説します。

方位活用法の極意は、あらかじめ準備し、目標を起こした後で行動することです。あとは「人事を尽くして天命を待つ」の心境です。このコツを修得して下さい。

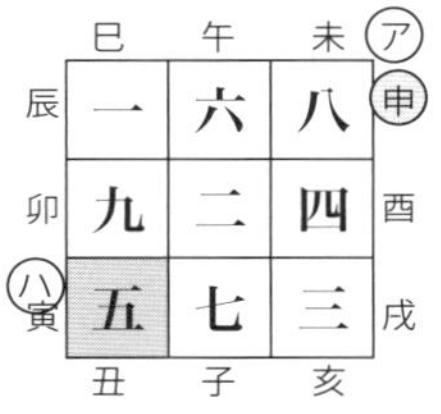

平成 28 年丙申年

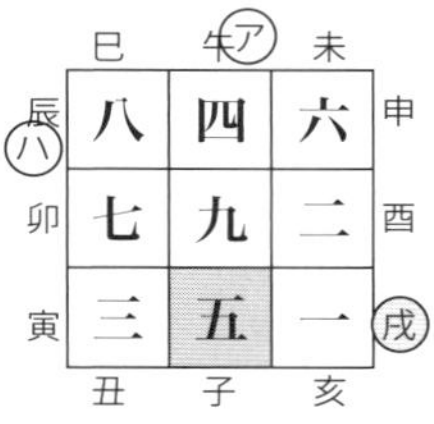

平成 30 年戊戌年

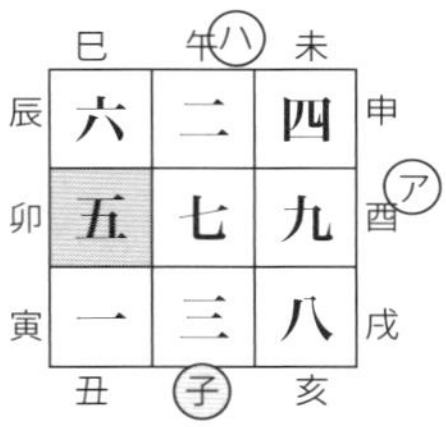

平成 32 年庚子年

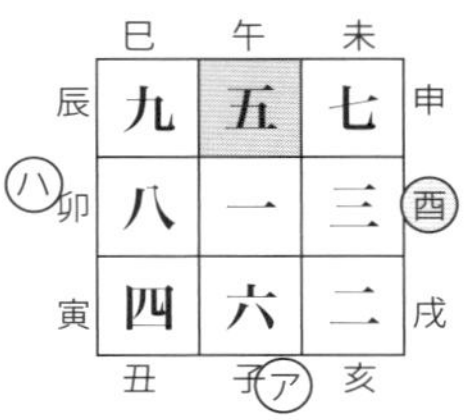

平成 29 年丁酉年

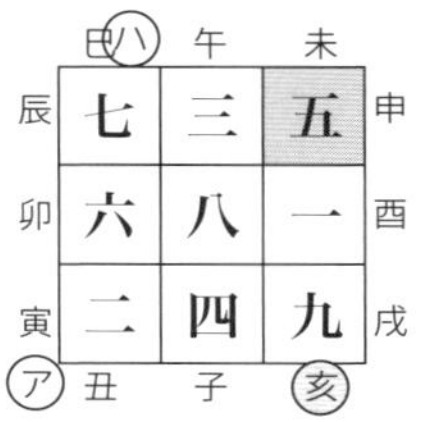

平成 31 年己亥年

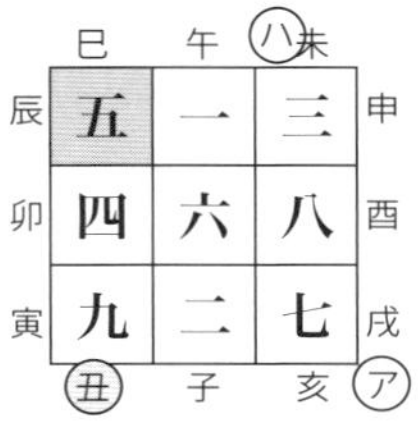

平成 33 年辛丑年

吉方位旅行

「吉方位旅行」は、日盤、月盤を調べて、吉方位を割り出し、そちらの方位に旅行へ行くことです。旅っていいものです。自分自身の気分を変え、現地で新発見、感動もあります。多くの人との出会いもあります。時には自分の一生を変えることさえあります。

「吉方位旅行」には、その可能性が充分あります。そう考えると素敵だとは思いませんか。

旅をしながら吉を招く方法を検証してみましょう。

まず、方位の概念を分析します。自分の家から外に出ることを「立向《りっこう》」、家相から家の中をどう守るかを「座山《ざざん》」といいます。

この場合、自分が家から外に出て行くので、旅とは「立向開運法」の生かし方なのです。

まず地図を用意して自分の住んでいる場所を確認し印をして下さい。なぜならば、今自分の住んでいる場所が大事なのです。易でいう「太極《たいきょく》」です。

私たちは自分の住む大地の中心を心におかなければなりません。人間でいえば「ヘソ」です。風水では、その「太極」を中心に周囲から絶えず影響を受けていると考えるのです。

そして方位を生かすには、まず八方位の意味を知ることが基本です。

まずは、八方位のもつ意味について解説します。

・『北』の方位は、「部下運」や「雇用運」「健康」などの意味があります。人間関係や子供、健康のことで悩んだ場合、北の吉方位に行くと良いでしょう。

・『東北』の方位は、「不動産」「家族」「相続」という意味があります。落ち込んだ時、一発起死回生というような場合、東北のもつパワーは良く効きます。

・『東』の方位は、「社会運」や「才能運」に非常に良いです。才能が発展し夢と希望が湧いてきます。

・『東南』の方位は「人間関係」、さらには「結婚」「事業運」「雇用の問題」などの場合に良いです。すべて調い信用が得られます。

・『南』の方位は「地位」「名誉」の他に「学問」や「頭脳」という意味もあります。才能が開花され世間に認められます。

・『南西』の方位には、「家庭運」、なかでも奥さんや母親などにいろいろ問題が出た時には使えます。また「勤労」という意味もありますので、リストラされた方はぜひこの方位を生かして下さい。

・『西』の方位には「財運」や「社交」「結婚」「金運」などの意味があります。

結婚相手を見つけるときにはいい方位です。ただし出費には十分気をつけて下さい。誘惑もあります。

・『北西』の方位には、「資金運」「援助運」「成功運」という意味があります。

事業を営んでいる方は使うと良い方位でしょう。家庭でいえば「夫運」に関する方位でもあります。

以上が八方位の意味となります。ですからその年月、その日時の吉方を使って、自分の願望（望んでいること、目的）に合わせて旅行すれば、その方位のもつパワーを自分の味方にすることができます。

以上のように方位が持つ意味がわかったら、その方位に自分の本命星にとって吉星が回座した月、日を選んで実行して下さい。

吉方位活用法として、まずは「開運吉方地図」を作る必要があります。

地図上で自分の家がある場所に印を打ち、南北のラインを引きます。それが真北《しんぼく》であり、南北のラインになります。それに直角のラインを引いて東西のラインを引きます。磁石で測る場合は、地磁気の影響を受けますから約7度、東に偏差させます。約7度右に傾くことになります。

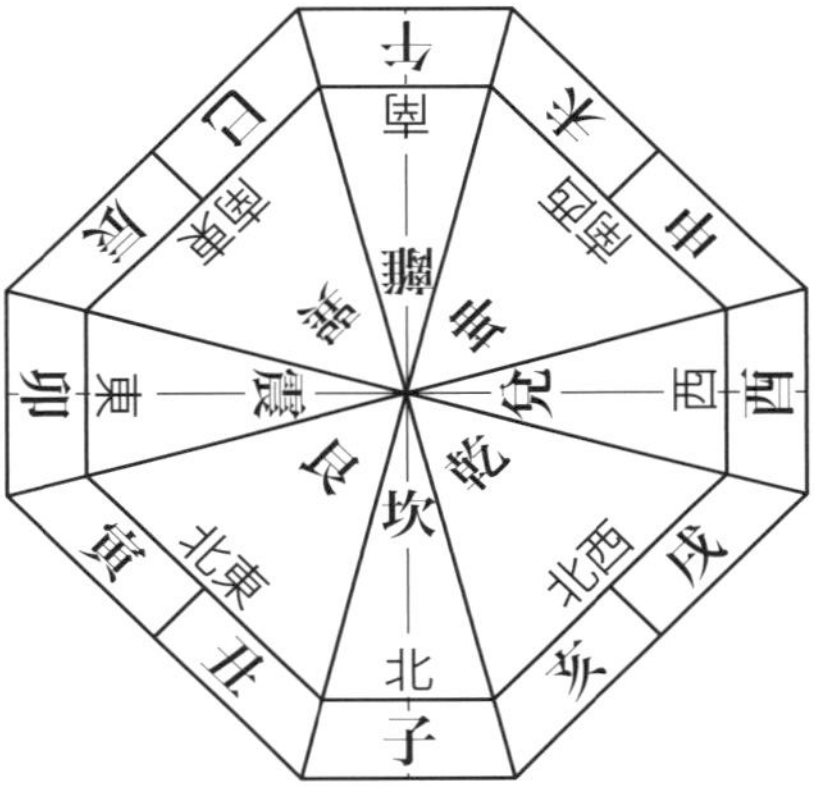

それが真北であり、南北のラインになります。それから東西南北の範囲は全て30度ですから、北のラインから西に15度、東に15度の所に線を入れます。そして同じように東西ラインも南北15度ずつ線を引くと、東西南北それぞれが30度の範囲が確認できます。

このようにすると、おのずから東北、南東、南西、北西の範囲は60度になるわけです。

一般に市販されている地図は、南北軸が真北となって作られていますので、この地図に基づいてあなたの「開運吉方地図」を作成することをお勧めします。

できれば各自この地図を早速作成して壁に貼っておくといいでしょう。こうすることによって常に自分の住んでいる場所がどんな所か、周囲に何が存在するのかを再認識、再発見することができます。この「気づき」が開運の原点です。

なお方位は変わりませんから、この「開運吉方地図」は一生使えます。早速作成して下さい。今すぐです。

八方位のもつ意味は基本的には変わりませんので、その方位のもつパワーの旅をしながら生かせばいいわけです。方位のもつパワーこそ自然から得られるエネルギーなのです。こう考えると旅も楽しくなります。

『易経』曰く「吉凶、動より生ずる」所以です。

方位を生かす場合、まず悪い方位という考え方がありますので、方位学では、前述した六大凶殺方位という象意をよく理解して避けてなければなりません。この方位については私の『風水開運家づくり21』の本文でも解説しましたが、ここでは簡単にまとめています。

六大凶殺方位の中でとくに気をつけるのは、「五黄殺」と「暗剣殺」方位です。

交通事故にたとえますと「五黄殺」現象は、自分が加害者になる方位、「暗剣殺」現象は、自分が被害者になる方位と思っていただければ理解しやすいです。

ですから車で旅をする場合には気をつけて下さい。楽しいはずの旅が悲しい旅になることさえあります。移転についても同様なことがいえます。

また六大凶殺方位には「本命殺」「本命的殺」方位もあります。「本命殺」現象とは、健康面に、「本命的殺」現象とは精神面に作用を及ぼす方位ともいわれています。これらの方位については、毎年（毎月、毎日）、変化しますから確認が必要です。市販の暦にも掲載されていますので参考にして下さい。

意味のある楽しい旅をするには、事前に吉方位を調べ、さらに八方位の意味を重ねて計画、準備するのが吉方位旅行の極意でもあります。旅の準備には時間を十分取ることが大切です。しかし、急に旅が決まり、暦で調べる時間がなかった場合、あまり無理をせず注意して自然に逆らわず行って来ることも大事です。

ここが方位を生かすノウハウといった所なのですが、方位学の極意に移動の距離がいわゆる吉凶のパワーに比例するという法則があります。ですからあまり良くない方位へ出かける場合は遠方に行かないこと、逆に方位が良い場合は遠方へ旅行するとよいでしょう。それと旅が雨の場合は、天地感応現象が逆転するので方位現象ははっきり出ないということにもなります。この辺りも一般の本には書かれていない大事なポイントです。

各種造作法と開運散歩術

次に各種造作法については、開運造作法として、「水取法《みずとりほう》」「玉埋法《たまうめほう》」「土取法《つちとりほう》」などの九星を活かした造作法があります。いわゆる「お水取り」「お砂取り」といわれている造作法は、吉方位に行った際にその地の湧き水などをいただく、清浄な土を持ち帰って来ることなのですが、これらは慣れないうちは、専門家の指導のもとで行うことが大切です。

読者のみなさんが身近に方位を生かすには「散歩術」があります。

この「散歩術」のポイントをお教えします。「散歩術」とは今流行のウォーキングと思っていただいても結構です。実は方位術の原点は徒歩にあるのです。なぜなら昔は車などありません。足で歩くというのが基本でした。実際効果が出る時間と距離の関係ですが、歩いた場合、一〜二時間位の距離が目安です。車の場合は約五十キロが目安です。この時間と距離との使い方が方位術の秘伝でもあります。

なお、これも方位を活かす口訣ですが、年・月・日・刻の活用法があります。年盤の悪い方向は月盤で制し、月盤の悪い方向は日盤で制し、日盤の悪い方向は刻盤で制することができます。距離の方も近くなります。

次に刻盤の方位表を掲げます。散歩術として活用してみるのもいいでしょう。

【時間別方位表】

旅に出たら、現地で食事をしたり、観光したりして、楽しく二時間以上滞在してくることが大事です。そして帰りには現地の特産物などのお土産を買って身近な人にさしあげることも大切なのです。徳の心こそ生きる極意なのです。

陰遁日 6月23日より12月20日前後			陽遁日 12月23日より6月20日前後			日／時刻	
寅申巳亥の日	辰戌丑未の日	子午卯酉の日	寅申巳亥の日	辰戌丑未の日	子午卯酉の日		
三碧	六白	九紫	七赤	四緑	一白	午後11時～午前1時	子
二黒	五黄	八白	八白	五黄	二黒	午前1時～午前3時	丑
一白	四緑	七赤	九紫	六白	三碧	午前3時～午前5時	寅
九紫	三碧	六白	一白	七赤	四緑	午前5時～午前7時	卯
八白	二黒	五黄	二黒	八白	五黄	午前7時～午前9時	辰
七赤	一白	四緑	三碧	九紫	六白	午前9時～午前11時	巳
六白	九紫	三碧	四緑	一白	七赤	午前11時～午後1時	午
五黄	八白	二黒	五黄	二黒	八白	午後1時～午後3時	未
四緑	七赤	一白	六白	三碧	九紫	午後3時～午後5時	申
三碧	六白	九紫	七赤	四緑	一白	午後5時～午後7時	酉
二黒	五黄	八白	八白	五黄	二黒	午後7時～午後9時	戌
一白	四緑	七赤	九紫	六白	三碧	午後9時～午後11時	亥

開運散歩術ですが、無心の心で歩くこと。人生に迷った時はぜひ実行して下さい。天からすばらしいアイデアが降りてきます。右まわりで帰ってくることがポイントです。

以上が天の巻になります。この書ではあえてわが国の「気学」を中心に解説しました。なぜなら一番単純明快で日本的であり、わが国の風土にマッチしているからです。

方位学の王道は吉方移転です。といっても、慌ただしい現代社会に生きる私たちにとって、年中移転していては引越し費用もかかり、吉方位移転どころか逆に引越し貧乏になる可能性があります。また、引越しを続けると、太極も定まらず、生活が不安定になったりします。よくわきまえて方位術を活用して下さい。

この章が、天の巻「時を知ってチャンスを活かす」の極意なのです。

地の巻——住まいを整え、結界を張る

この巻では、風水の知識を解説して、人生の大半を過ごす住まいをいかに整えて幸運を呼び込むか、また、「結界」などの方策を紹介します。

風水とは何か／風水の歴史とその看方

歴史上「風水」という言葉が初めて使われたのは、中国は晋《しん》の時代（三世紀）、郭璞《かくはく》という人が『葬書《そうしょ》』という書物を出してからです。その中に「気は風に乗って散り、水に界されて止まる。古人はこれを集めて散らさないようにし、気を止めた。ゆえに、これを『風水』という」と記されています。

いわゆる宇宙の気が風によって運ばれてきて水によって温存される。この地に死者を祀ると良いといった思想です。これが本来の風水の目的でした。

中国思想に「気」という概念がありますが、気の概念とは天地に充満するエネルギーのことです。古代の中国人たちはあらゆるものはこの気から成り立っていると考えていました。つまり天も地も人体の存在もすべては気という概念で成立しているということです。

別の見方からすると、天で起こる現象は大地にも人間界にも影響を与えるという思想です。これらの考え方から、星の動きによって人の運勢を予見する「天文学」（星占い）が発達し、地形・地勢の意味を読み取って吉凶を判断する「地理学」（風水）という分野が生まれてきたのです。その後、風水の体系は、唐の時代（七世紀から十世紀）に完成されました。

中国医学では、人体に流れる気の流れを「経絡《けいらく》」と呼び、気の集中点を「経穴《けいけつ》」（ツボ）といいます。大地の気の考え方も同じです。大地の気の流れを「龍脈《りゅうみゃく》」といい、気の集中点を「龍穴《りゅうけつ》」といいます。これらの関係はなぜか共通しています。

風水では、この「龍穴」を探す技術体系のことを指しており、そのために四大原則があります。それは龍（龍脈）、穴（気のスポット）、砂（地形）、水（河川）という理論です。これらの四大原則を総合的に判断することによって、生き生きした気が充満している生気の土地を探すのです。

風水ではこの作業をする人を風水師といいます。この気の流れの良い環境はそこに住む人の気にも感応して影響を及ぼします。ここが風水の優れたところです。

風水では「陽宅《ようたく》風水」として家相、「陰宅《いんたく》風水」として墓相というものがあります。陽宅とは「生きている人の住宅」であり、陰宅とは「死んだ人の住宅（墓所）」です。

風水では昔から「宗族」という血縁共同体を非常に重んじるという伝統があります。大事なのは個人よりも一族の繁栄であり、親から自分へ、自分から子孫へという連続性にあります。

郭璞の『葬書』の中でも、人は父母の生気を受け継いでいるが、死者の気は死者の霊を祀《まつ》る子孫の気と感応し合うのだと説明されています。そして生者と死者の気は、死者の骨を媒体にして感応するという思想です。

一般の方にはなかなか理解できないかもしれませんが、この考え方こそ、実は中国風水の真髄なのです。

今日では葬儀も土葬から火葬になり、陰宅風水は影を潜め陽宅風水としての家相が主流になってきましたが、それでも墓所の選定は大事だということです。こう考えると、古代風水では理想的な土地を探すための土地選定技術でしたが、現代風水では土地を理想的な土地にするという技術に視点が移っています。

風水は東洋独特の思想です。それでは、なぜ中国の華南地方から朝鮮、台湾、香港を中心に今日まで発展してきたのかということですが、東洋では、元来自然環境と調和して暮らすことが幸福につながると考えられてきたからです。風水思想では、山や川などの地勢が重視され、実際に人が生きていくのに影響がある気候風土がその根源にあります。

中国西域には、風水でいう大祖山である崑崙《こんろん》山脈があります。この山脈が世界の「龍脈」の源になっていて、この崑崙山脈から五大龍脈に分かれ世界各地に龍脈が走っていると考えられています。また、これは私の見方ですが、風水を研究していきますと中国の黄帝が出てくるところから、この時代に風水の技術は完成されたのではないかと思います。東洋思想の中でも、風水の考え方に最も近い宗教が老子の説いたとされる「道教思想（タオイズム）」です。

日本の場合ですと風水が入ってきたのは意外と早く、推古天皇の時代です。推古天皇というのは西暦五百年頃です。この頃に実際には「堪輿《かんよ》学」と言いまして、いわゆる遁甲《とんこう》とか方術書がわが国にも入ってきたのです。これらの知識を駆使して当時の風水都市として平安京が造られたというのは有名な話です。

最近では陰陽師・安倍晴明がブームですが、同じ頃の日本では陰陽道といった分野も盛んでした。道教と陰陽道の思想には、なぜか共通する点が数多くあります。その後風水は、東アジアを中心に展開してきましたが、わが国で風水思想を明確に確認できる地域がありますが、それが琉球（今の沖縄）です。これは地理的に見ても納得がいきます。

琉球王朝のときに蔡温《さいおん》という名将がいましたが、その名将が中国から持ってきた風水理論を集落の移動とか、墓とか、家の造営に使ったという記録があります。沖縄では風水思想である「亀甲墓《きっこうぼ》」や風水化殺としての「石敢当《いしかんとう》」の光景を見ますが、これは風水理論が琉球に伝わって、実際に活用されていたということを物語っています。

近年復元された首里城《しゅりじょう》は風水でいう龍穴に建っています。

これらの風水思想の智恵を今に生かすには、星の動きによって人の運勢を予見する「天文学」(星占い)や地形・地勢の意味を読み取って吉凶を判断する「地理学」(風水)のエキスを上手に活用することです。

気の流れの良い環境は、そこに住む人の気にも感応して影響を及ぼします。ここが風水の理論を生かす大事なポイントでもあります。

風水の概念

風水とは、古代中国で発祥した自然科学/環境学です。まず風水体系として「道教=タオ」の思想があります。このタオの思想ですが、まず宇宙には「無極」と呼ばれるひとつの抽象的な要素があり、そこから「太極」が生じます。この「太極」がすべての存在の根源であります。

これが動き始めるとそのエネルギーは凝結し、偉大な男性原理たる「陽」を生み出します。「陽」が最大限まで活動しますと休息します。その間に偉大な女性原理なる「陰」が生まれます。その「陰」が最大限まで活動しますと休息します。するとまた「陽」のエネルギーが生じ、再び活動し始めます。

このように自然界は「陽」と「陰」のエネルギーが永遠に活動と休息を交互に繰り返して動いています。中国ではこの「陽と陰」のエネルギーのことを「気」と呼んでいます。

これは「太極」のマーク（天の巻20頁参照）に描かれています。

この「太極」には「乾《けん》」と「坤《こん》」が存在します。「乾」とは天を形成するものであり、「坤」とは地を形成するものです。このようにして天と地が誕生しました。

この地球上では、天と地を生み出した「太極」は古代中国から永遠に活動を続けています。そしてふたつの根源、すなわち「陽」と「陰」との自然の力によって活動しているのです。さらにこの天地間の中に人間が存在しています。

「天地人三才」たる所以です。

風水概念図

古代中国では風水体系としてのタオの思想があります。まず「理」なる宇宙哲理があり、「気」という概念に影響を及ぼしているとみます。その原理は宇宙の数的比率を示すものとして「数」と呼ばれました。自然現象や目に映る自然の外形は「形」となって現れるのです。

まず、本書のキーワードですが、「風水の概念」として「風水の形」について考察してみます。風水というと、北は玄武で山、東は青龍で川、南は朱雀で平地、西は白虎で道と言われ、各方位に神獣と呼びこの世に現存しない動物を配置しました。この四方に囲まれた中央地を「四神相応《しじんそうおう》」の地といい好吉地なのです。この形には宇宙のエネルギーが宿ります。ということは、この風水の形の概念を身近に活用すれば良いということになります。この風水の概念図を上に掲げます。

古代風水とは、これらの理、気、数、形の自然体系をどのように取り入れるかということです。この取り入れ方により風水を分類しますと、二つの派に分かれます。ひとつは理気《りき》派であり、ひとつは形勢《けいせい》派と呼ばれています。

それでは両派の思想を展開してみましょう。

理気派とは、自然の秩序「理」と自然の数的比率「数」という概念で風水を鑑定します。そして、その看法は羅盤《らばん》という方位磁石によって判断します。

次に形勢派ですが、この一派は気と形を重視します。ということは土地の気を読み、山の形を見ることによってこの地がどんな場所なのかを判断できるのです。

次頁の図は、中国風水の文献に掲載されていたので本書であえて掲載しました。この図を見ると、自然のリサイクルシステムになっています。古代中国はこの図式が理想郷だったのかもしれません。ですが、現在は山が破壊されたり、工場が乱立したりして、自然破壊や環境汚染によってこの「風水リサイクルシステム」が歪められています。

この現実は現在の中国だけでなく、中近東諸国を始め、世界各国の共通の社会問題になっています。警告でもありますので、この図を心に焼き付けて生きることが宇宙と一体化するのに大事と思い紹介しました。

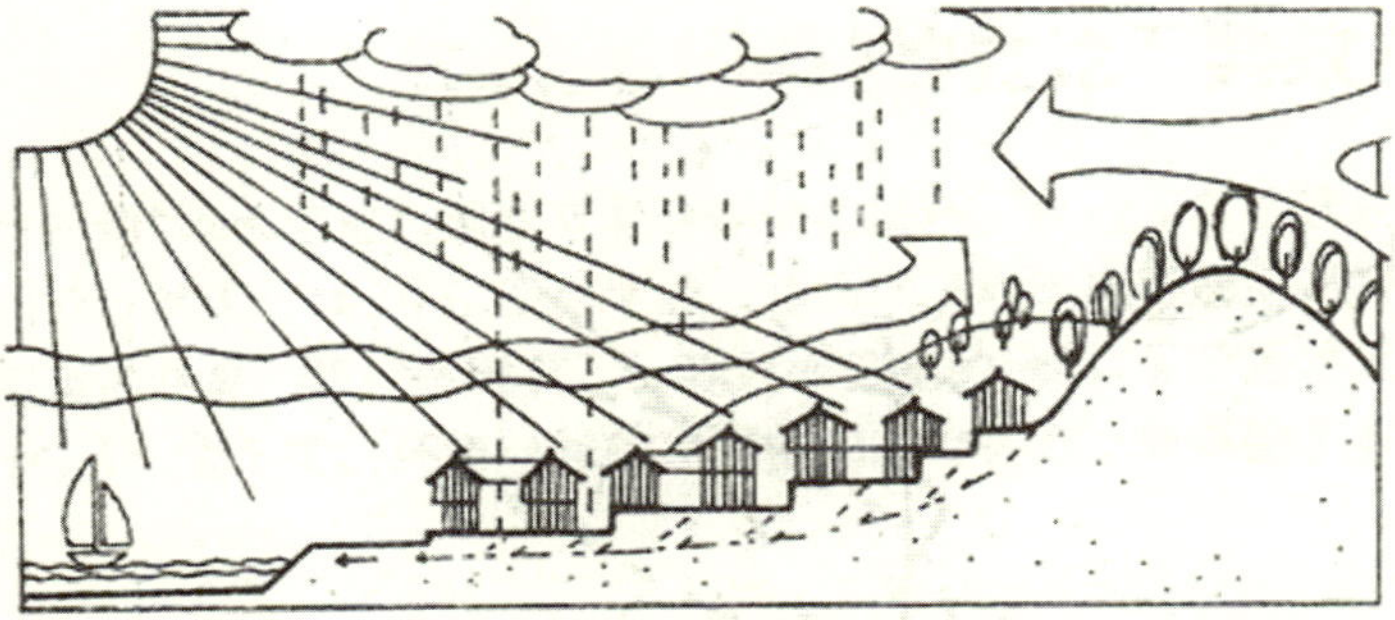

風水環境／リサイクルシステム

風水の山の見方にも形によって、五行があり、その山がどのように見えるかにとって、その地域の環境が決められます。

このように考えると、あなたの家から見える山の形態が、実はその地域に住む人物を生み出しているという仮説が成立します。ちなみに、私が住んでいる群馬県は風水概念図から見ても四神相応の地域で、この県から歴代の首相が四人も生まれています。この事実をどうとらえますか？　これぞ風水のパワーなのです。

最近の風水の考え方は、「陽宅」といって私たちの住んでいる住宅の住まい方に活用されています。本書ではこの陽宅風水に特化して解説いたします。家は唯一のくつろぎの空間です。開運の極意は好い地で、気持ち良く、快適に住むことなのです。そこから、健康な家庭が生まれ、すばらしい人が誕生します。

風水の五行による山の形

五行の山の形	エネルギーの流れと性質
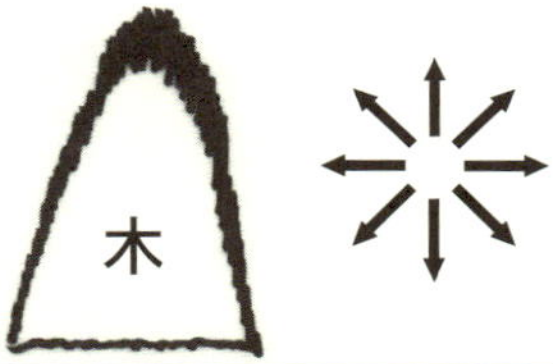	木のように真っすぐそびえ立つ山。才能、技能による発展力を表わす。
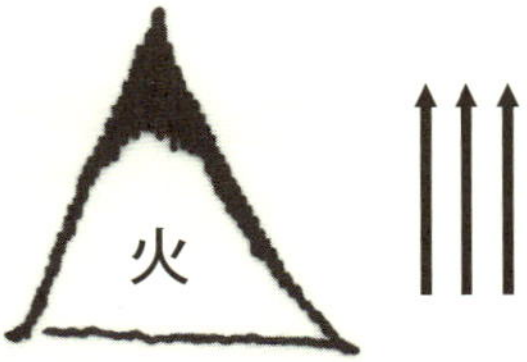	火のように鋭角的な峰をもつ山。明瞭な知性と権威による威厳を表わす。
	土のよう方形の角張った山。福徳、繁栄をもたらす財運を表わす。
	金のような丸い山。富貴なる人格と立身出世、武勇の権勢も表わす。
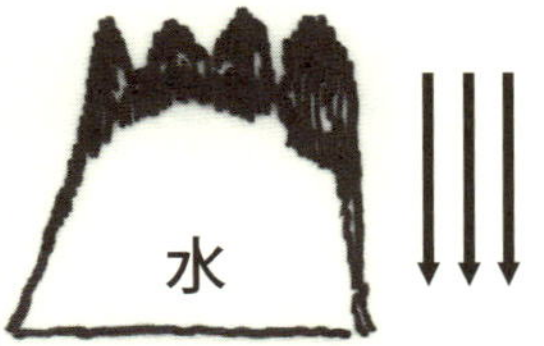	水の波のようにうねをもつ山。柔軟性と豊かな知性大きな財力を表わす。

風水と健康

風水とは自然学であり環境学です。環境の気の流れやバランスを追究する学問です。私たちは宇宙の秩序に従った生き方をすれば健康が保たれます。自然界の秩序にそった気の流れを受けることでも健康になるのです。

「風水は環境の気功である」といわれています。ということは、気持ちの良い場所（龍穴）とはエネルギースポットであり、風水でいう好地なのです。

風水の文献によりますと、龍穴から発せられる気にいろいろな虫が集まり、身を寄せ合って生きているそうです。私たち人間もセンサーです。気持ちの良い気の場所に住むことが、実は健康になる秘訣なのです。

身近な例では、風水と気功は共通点があります。まず発祥地は中国です。地球を大宇宙に例えると人間は小宇宙といわれています。「天人合一《てんじんごういつ》」の世界です。風水は地球に、気功は人体に対応しています。風水でいう龍脈、龍穴は、気功でいう経絡、経穴なのです。共に気の流れなのです。

最近は気功ブームですが、まず気の概念についてお話しします。

よく「病は気から」といいますが、その辺りを突き止めていきます。まず元気になるにはどうしたらいいかというと、それは読んで字のごとく「気」を「元」に戻すことです。気が元に戻れば「元気」になるということです。

気功というものに興味を持ち、良い先生を見つけて教えていただければいいと思います。私は縁あって、『気の人間学』の著者で医師である矢山利彦先生から四年間に渡り気功を学びました。

風水は地球上の地磁気と深い関係にあります。最近では日常生活の中で「電磁波」に関する話題が非常に多く目につきます。高圧線の近くにお住まいの方もいらっしゃるでしょうし、パソコンやテレビ、あとは皆さんお使いの携帯電話などもかなりの電磁波を発生させています。これらの電磁波が、人体、とくに人の脳に悪影響を及ぼすのではないかと危惧されています。

人間の脳の松果体は地磁気の微細な変化に敏感に反応します。地磁気が安定していると松果体の働きも安定します。ということは地磁気の乱れや強弱があると、そこに住む家の住民に影響していることになります。当然ながら疲れや眠気の現象が現れます。ですから高圧線の付近は注意すべきです。

風水では「埋炭法」といって土地に炭を埋めたり「敷炭法」といって床の下に炭を敷いたりします。家の中でも電化製品が多く使われていますのであえてこれらの電磁波による悪影響を防ぐ方法とすれば、それらの機器からできるだけ離れた状態で使用するということです。

例えば、テレビの近くに頭を置いて寝るなどは避けたほうがいいでしょう。また、よく枕元に置く電池式の目覚まし時計も、実はかなりの電磁波が発生しています。とくに就寝ということは長時間体を休めるということですから用心して下さい。

なお、家電製品の中でも電磁調理器は最も強力な電磁波発生源といわれています。高レベルの電磁波に曝されると、体調が悪くなり、さまざまな病気を引き起こすとの報告もあります。いずれにせよ電磁波は人間の細胞に悪影響を与え、ガンなどの原因とも考えられているので、充分な注意が必要です。

地磁気を寝方に利用する風水理論をお教えしましょう。

ちょっと専門用語になりますが、人間には任脈《にんみゃく》、督脈《とくみゃく》という気の流れがあります。これらの人の気の流れと、地磁気とを寝方でうまく合わせる、つまり寝る方向によって良くする方法があります。

基本的な考え方は、寝方にも南北軸に寝ている人と東西軸に寝ている人がいるわけです。どの方向を頭にするにしても大きく分けると二種類の寝方があるわけです。

私たちは普通に寝ているだけでも実際には地磁気の影響を受けています。なぜ地磁気の影響を受けるのかというと、人間の体の中には鉄分がありますので脳のなかにも微量ですが鉄分があるようでそれらが長い期間を通じて作用しています。

ちなみに何らかの疾患を持ち臓器が悪い方は南北軸の向きで寝てみて下さい。逆に東西軸で寝ることは消化器系の弱い方におすすめです。

これらは体の中の帯脈と地磁気との流れを利用した寝方で、あえて言葉にすれば「風水寝方法」なのです。

風水では地球を大宇宙、人間を小宇宙であるといいました。ということは地球＝人間ということです。地球上の水の流れというものが地球自体の健康にとても影響しています。私たち人間が地球の環境を汚染していることは、その影響が自分自身に戻ってくるということなのです。そして今ブームの風水思想は、私たち人間が周囲の環境と調和し共生していくことを教えているのです。

それでは、どのようにして家の中で気を取り込むかをポイントを絞って解説しましょう。

インテリアで運気を上げる

住まいと風水

大宇宙に対して人間が小宇宙であると考えると、その住まいである「家」は中宇宙であると考えられます。ということは「家も生きている」ということです。

人間の体には当然血液が流れていて、それが体中を動いているわけですが、同じように家の中にも気が動いていないと風水的には良くないのです。とくに増改築の場合は生きている家をいじるわけですから良い時期に着手することが大切ということです。

家を新築する時、建築の着工や上棟、移転の日を選ぶことを風水では「選日《せんじつ》」とか「択日《たくじつ》」といいます。良い時にやれば非常に運気が上がるといわれています。逆に良くない時にやると、じわじわとそこに住む人達の運が悪くなります。これは怖いことです。ですから増改築やリフォームを考えている人は、私たち専門家に相談された方が安全です。

それから家を解体する場合、住民が家を出て空き家のまま四十五日が経ってから壊すのが良いのです。なぜなら、四十五日間はまだその家の住民の気が残留しているからです。

これも同様ですが、アパートやマンションの部屋を借りる場合でも、できれば四十五日間は前に住んでいた人の気（オーラみたいなもの）がまだ漂っているので、その気の影響を受けてしまいます。ですから、入居後になぜか変な気持ちになる人がいるのは、この残留の気の影響なのです。

それから、風水や家相では昔から「おかぐら式」の増築（平屋であとから継ぎ足した二階家）、曳き家（家をそのまま移動させること）は大凶といわれています。原因は家の中の気が不安定になるからです。注意して下さい。

部屋の模様替えですが、あまり神経質にならなくてもよいと思います。できれば東側には青や緑系、南側には赤やピンク系、西側には白やベージュ系、北側には黒かグレー系を基調に考えるべきです。

みなさんがよく勘違いされるのは、「金運アップだ！」と言って西側に黄色を持ってくることです。黄色は西ではありません。黄色は家や部屋の中央なのです。

それでは、風水アイテムを使って簡単に部屋の運気を直す方法をお教えしましょう。

まず、「観葉植物」の配置ですが、だいたい六畳程度の広さに一ヶ所、太陽の当たるところに置くとずいぶん気が良くなるはずです。狭い部屋に山ほど植物を置いても気は整いません。

そして、こちらも今ブームの「炭」は、臭気や電磁波などを和らげる効果があるともいわれていますが、これは方位に関係なく部屋の四隅に置いて下さい。これで気の状態がかなり安定します。

また、住まいは家そのものだけでなく周りの環境がとても大事です。家の窓から見える風景も大切で、良い景色は大いに取り入れるべきです。たとえば、群馬県在住の人には、窓から赤城山、榛名山、妙義山の上毛三山が見えれば最高です。浅間山も素敵です。とくに雪に覆われた冬の浅間山は最高です。風水でいう西の白虎が誕生します。まるで富士山のようにも見えます。

反対に窓からちょっと奇妙に感じる景色（お墓、煙突、電柱、看板、高圧塔等）は良くありません。その場合の風水では「化殺法《かさつほう》」という解決法があります。とりあえず、それらの景色が見えないように、ブラインドを付けるなど工夫する必要があります。

風水でいう部屋の「化殺法」をご紹介しましょう。いわゆる凶相のトイレというのがあります。狭い、不潔、設備が悪い――こんな状態を良くするためには、できるだけこの逆、つまり物を置かない、いつも掃除をする、思い切って設備を新調するなどです。

西側にある台所は凶相ですが、さらに窓が小さく、湿気が多いなどと悪い要素があれば、目隠しをしたり、思い切ってリフォームすることで運気は上がります。

また、凶相の書斎とは、寝室、トイレ、台所の隣にある書斎のことで、これも良くありません。このような場合は窓を大きく取って机の向きを変えるという方法があります。さらに凶相の寝室というのがありますが、これは客室や寝室がトイレの近くにあってはいけないのです。

「風呂」と「台所」と「トイレ」も大事です。この三ヶ所を家相で「三備の場所」といい、水回りの場所の重要さは今も昔も変わりません。

よくトイレが鬼門の場所にあると非常に良くないといわれていますが、最近は水洗式ですからいわゆる清潔にしておけば鬼門の場所にあっても昔ほど悪くはないと思います。昔は汲み取りだったからです。まだ下水が引かれていない場所もありますが、浄化槽の位置を鬼門の場所に置いてはいけません。

台所やトイレも清潔にしておくことが大事です。それから家の中に神仏を祀る場合、一般には神棚は北を背に南向きか西を背に東向き、仏壇は西を背に東向きか北を背に南向きかが基本的な考え方です。

なお、仏壇の上部に神棚がくる時や、お互い対面させている場合は良くありません。家庭内にいざこざを招きます。ご注意下さい。

八宅風水法

この地の巻では、座山活用法としての「風水八宅法」（風水天盤・人盤）を解説します。この「風水八宅法」の看法ですが今ではわが国でもポピュラーな存在になっています。

前著『風水八宅法』『風水からのメッセージ　人生・ビジネス・家づくり　想えば実現する』でも公開しましたが、本書ではもう少し詳しく解説してみましょう。

数年前、香港の風水師である楊天命《ようてんめい》師の事務所に訪問した際、事務所の室内に風水造作法としてこの「八宅法」が活用されていました。この時「八宅法」を再探究する天意を感じました。師はこの「八宅法」に流年法を加味して風水造作法を実践していました。

ここで注意することとは、日本気学と違っている点です。その違いですが、気学では生まれた年の男女の本命星は同じですが、「中国八宅法風水」では、生まれた年によって男女の本命星（本命卦）は違う星になるという点です。中国風水では同じ年に生まれた星に陰と陽が存在します。この地の巻ではここで頭の切り替えをして下さい。

要点

手順に沿って進めます。
1、生年の本命卦は男女別であります（人の盤）
2、家の玄関の向きは八方位あり、室内に八通りの象意（吉凶）があります（天の盤）
3、天盤と人盤を重ね合わせ、建物内の吉と凶を判断します。
4、「四吉方」とは、生気、天医、延年、伏位をいいます。
5、「四凶方」とは、絶命、五鬼、六殺、禍害をいいます。
まずは、本命卦早見表の生年の西暦から男女の本命卦を確認します。

風水人盤（本命卦を知る）

次頁の表で確認しましょう。

例題として、１９７４年生まれの男女の本命卦を見てみます。

表の右端に「艮／兌」と記されています。これは、男性は艮命、女性は兌命とみます。

ここが日本気学と中国風水の違いです。中国風水では、同じ西暦でも男女の本命卦は別になります。中国思想は陰陽理論が根底にあるのです。

本命卦早見表

生まれた年（西暦）	男／女
1940 1949 1958 1967 1976 1985 1994 2003 2012 2021	乾／離
1941 1950 1959 1968 1977 1986 1995 2004 2013 2022	坤／坎
1942 1951 1960 1969 1978 1987 1996 2005 2014 2023	巽／坤
1943 1952 1961 1970 1979 1988 1997 2006 2015 2024	震／震
1944 1953 1962 1971 1980 1989 1998 2007 2016 2025	坤／巽
1945 1954 1963 1972 1981 1990 1999 2008 2017 2026	坎／艮
1946 1955 1964 1973 1982 1991 2000 2009 2018 2027	離／乾
1947 1956 1965 1974 1983 1992 2001 2010 2019 2028	艮／兌
1948 1957 1966 1975 1984 1993 2002 2011 2020 2029	兌／艮

ここで注意することがあります。

気学の本命星と同様に、節分から翌年の節分前日を一年としています。ですから、同じ西暦生まれでも一月一日から二月の節分前日（二月三日）までは前年の本命卦となります。

例えば、１９７４年２月１日生まれの人は、１９７３年の生まれとみますから、男性でしたら「離」となり、女性でしたら「乾」となります。

男性と女性も、このように本命卦が変わってきます。ご注意下さい。

まずは、あなたの本命卦を確認して下さい。

宅卦を知る

次に風水天盤（八宅図）の見方です。

風水の世界では「陽宅風水盤」で判断します。**東本命**と**西本命**の盤があります。

今回、私が今までに数人の本場中国の風水師から伝授された「風水八宅法」の象意を解説するのですが、結論をいいますと、各風水師によって「四吉方」と「四凶方」の解釈に多少の違いがあります。極論すると、各象意のとらえ方が極秘伝なのかもしれません。風水師の体験もそれぞれ違いますので当然のことだと思います。

さて、日本の家相では玄関の八方位の位置で吉凶を判断しますが、中国陽宅風水では玄関の向きで判断します。風水八宅法の見方では、どの向きの玄関の家にも吉凶があるということは玄関の向きにより住まい方が決まってきます。

それでは、あなたの家の玄関が八方位のどの方位に向かって開かれているかを調べてみて下さい。

例えば、玄関が東に向いている場合、その家は「兌宅」であり、西本命に属するということになります。

八宅天盤：人盤〈西本命〉

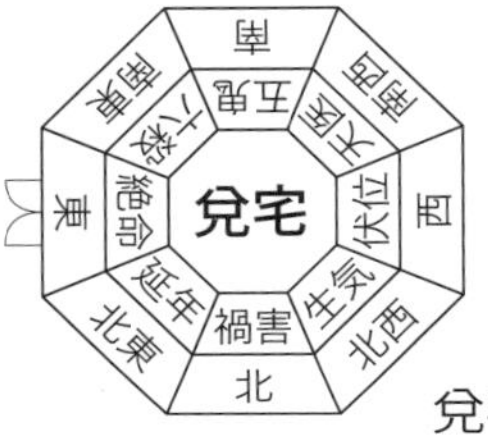

兌宅：兌命

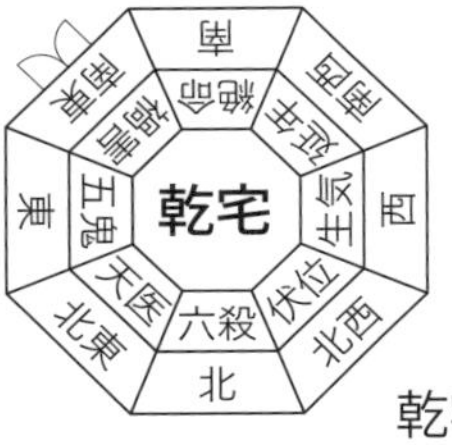

乾宅：乾命

坤宅：坤命

艮宅：艮命

八宅天盤：人盤〈東本命〉

離宅：離命

坎宅：坎命

巽宅：巽命

震宅：震命

八宅法の基本

人間が快適に生活するためには、休息の時間が大事です。

休息をもたらす寝室のなかで、快適な睡眠を得るためにベッドの位置を本命卦の好ましい位置に合わせるとよいのです。その位置とはベッドの位置、または枕の位置のことです。

東本命の人は、寝室のなかで、ベッドの位置を東、南東、南、北向きにします。

西本命の人は、寝室のなかで、ベッドの位置を西、南西、北西、北東向きにします。

一般的に八方位の表示は放射式ですが、グリット式で判断する場合もあります。

建築学を専攻する私の建築的見方としては、一般に建物の平面は矩形が多いので、グリット式で見た方が自然なのかも知れません。ここではあえてグリット式で提案してみます。

東本命と西本命の吉凶をグリット式で図示すると上図の通りになります。

白いマスは吉方位、黒いマスは凶方位を示します。

東本命と西本命の吉凶図

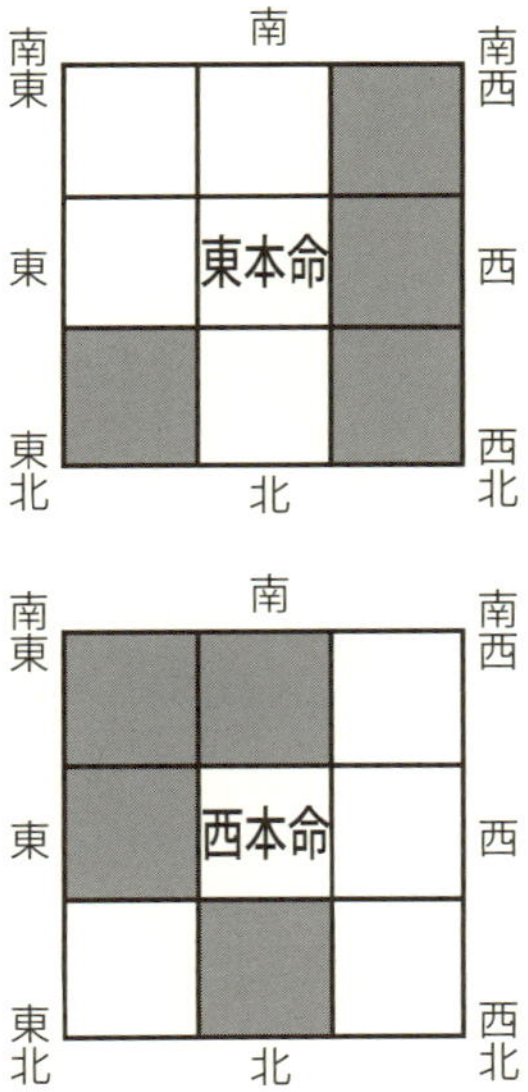

これで、自分の本命卦がわかれば、おおよその建物や部屋の吉凶が理解できます。

ここで、参考までに住宅の平面図をグリット式に表示してみました。東西、南北を三等分に分割し、九つのマスを創ります。この平面図で四吉方位と四凶方位を判断します。

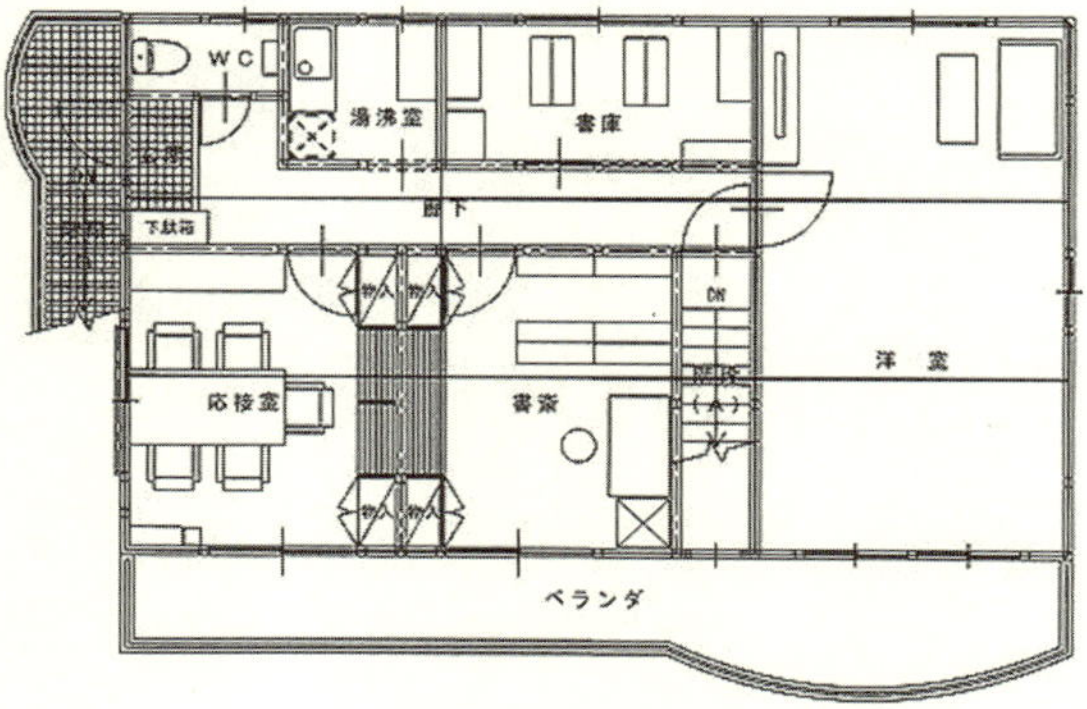

2階平面図／震宅

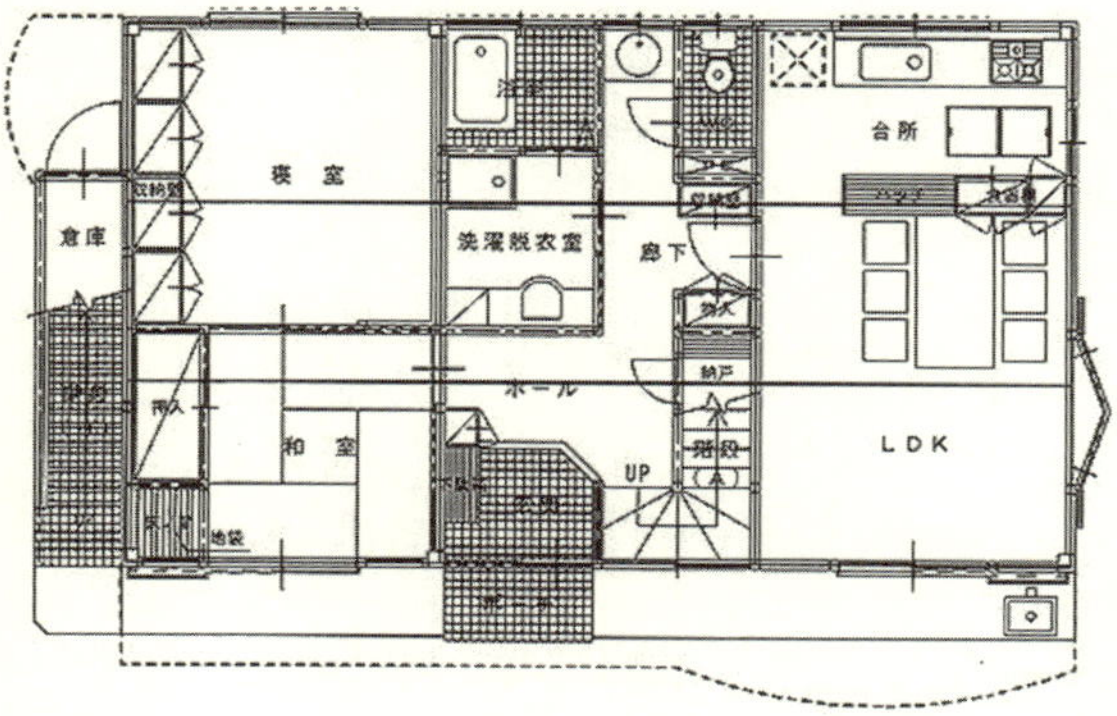

1階平面図／坎宅

風水八宅法をグリット式で整理すると次のようになります。▲で示されているのが玄関の方位で、中央のマス目の「／」の左上が男性、右下が女性になります。

伏位	天医	五鬼
延年	巽／坤	六殺
絶命	生気	禍害

N

巽宅（東四命）巽命

天医	伏位	六殺
生気	離／乾	五鬼
禍害	延年	絶命

N

離宅（東四命）離命

五鬼	六殺	伏位
禍害	坤／巽	天医
生気	絶命	延年

N

坤宅（西四命）坤命

延年	生気	禍害
伏位	震／震	絶命
六殺	天医	五鬼

N

震宅（東四命）震命

東	東	西
東	坤／坎	西
西	東	西

N

西四命／東四命

六殺	五鬼	天医
絶命	兌／艮	伏位
延年	禍害	生気

N

兌宅（西四命）兌命

絶命	禍害	生気
六殺	艮／兌	延年
伏位	五鬼	天医

N

艮宅（西四命）艮命

生気	延年	絶命
天医	坎／艮	禍害
五鬼	伏位	六殺

N

坎宅（東四命）坎命

禍害	絶命	延年
五鬼	乾／離	生気
天医	六殺	伏位

N

乾宅（西四命）乾命

風水八宅法の吉凶をさらに詳しく分解すると、次のようになります。

八宅法の吉凶

「風水八宅法」の見方には四吉方と四凶方の象意があります。
（ ）内はその度合いを数字で示してみました。象意と活用は次の通りです。

【四吉方】
生気（最大吉+4）出世、成功、財、名声、玄関
天医（大吉 +3）治病、除災、財、友情、寝室
延年（中吉 +2）健康、長寿、調和、枕の方向に良
伏位（小吉 +1）小富、中寿、平和、快適な睡眠

【四凶方】
絶命（最大凶-4）病気、交通事故、家系が絶える
五鬼（大凶 -3）事故、災害、破産、訴訟、裏切り
六殺（中凶 -2）降格、悪評、詐欺、災難、悪意
禍害（小凶 -1）病気、裁判、争い、事故、災害

吉方位には門、寝室、居室、神棚などを設け、凶方位には、門やガス炉の向きに気をつけることになります。

八宅風水造作法

あなたの家の玄関の向きがわかると、家の中の八方位に吉凶ができます。玄関の向きによって家のどの場所が良いかわかります。基本は吉方に玄関、寝室、居室、台所を、凶方にトイレを置くのが良いです。これが風水天盤の基本的な考え方です。

実際の話をしましょう。はっきりいって設計者の立場からみると、風水的にすべて完璧な家を建てることはありえません。今までの経験から判断して、実際に凶方の場所に居室があったとしても必ず悪いことが起きるかといわれると否です。ここが理解できないことです。まずはそんな傾向があると思って住んでみるしかありません。

「風水天盤」は家族全体でみます。どうしても気になさる方は、本命卦を活用することです。あなたの本命卦がわかりましたら、本命卦で家の八方位の象意に合わせて住むのも良いのです。いずれにせよ、まずは寝方を変えて実践してみて下さい。実践することによりあなたにとって心地よい場所が見つかるはずです。

便法として各部屋を小太極として考えてみる方法もあります。各部屋の入り口を玄関と見なし、部屋を八方位に区分し、吉方位に頭の部分を入れるという活用法です。これでしたら自分の寝室だけを変えるので気軽にできます。本命卦の活用です。

まずは実際例として、あなたの家の平面図に八方位を区分し、実践してみて下さい。人間はセンサーです。体験的にあなたの体が何かを感じるはずです。

活用例として、ビジネスの世界では、本命卦によるあなたの吉凶の方位を知ることにより、自分の吉方位に座って交渉することが大事ということになります。お試し下さい。

風水では悪い方位を「殺《さつ》」といい、その殺を良くする方法を「化殺《かさつ》」といいます。プロの風水師は「五行理論」によって平和的に物事を解決します。いずれにせよ経験豊富な実践家と出逢うことがあなたの運を高めます。

玄空システム

玄空システムといって、「八宅法」にその年の星を飛宮させ、総合的に鑑定する方法があります。八宅法の五鬼（大凶）の場所にその宮に飛星する星により「五鬼運財法」という原理があります。この理論で五鬼の場所に風水アイテムを仕掛けることで財が入ってくるという理論です。私も実際に試してみましたが、確かに効果がありました。すぐに予期せぬお金が入ってきました。

「毒をもって毒を制す」理論といっても過言ではありませんが、使うのには少々勇気が必要です。

浜名湖花博「風水の庭」

２００４年、浜名湖花博のテーマ館「庭文化創造館」６月の「風水の庭」のテーマ・ディレクターからオファーがありました。私の役割は風水原理に基づいた「風水の庭」の監修です。今まで探究してきた風水・五行の庭が具現化することになりました。

全体の構成としては、風水でいう五行原理を会場内の各コーナーで表現し、それに会場内の空間に「龍の流れを創る」という発想を提案しました。その私の意図を華道家の假屋崎省吾氏が宇宙空間に花の色と形によって表現してくれました。さらに龍の流れを二次元、三次元の空間で表現しました。この会場に訪れた多くの観客に感動を与えました。

次頁の概念図がそれです。黒い波線が気の流れを表わしています。

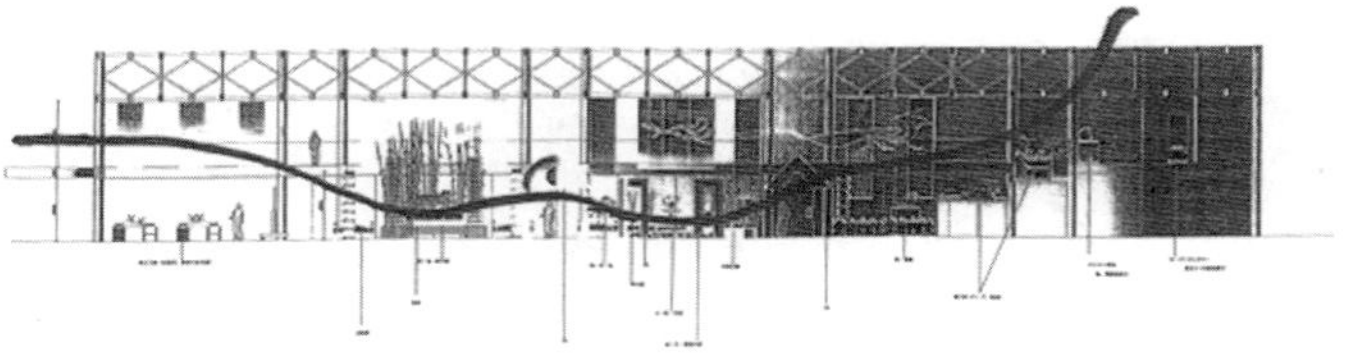

風水の庭／断面図（龍の流れ）

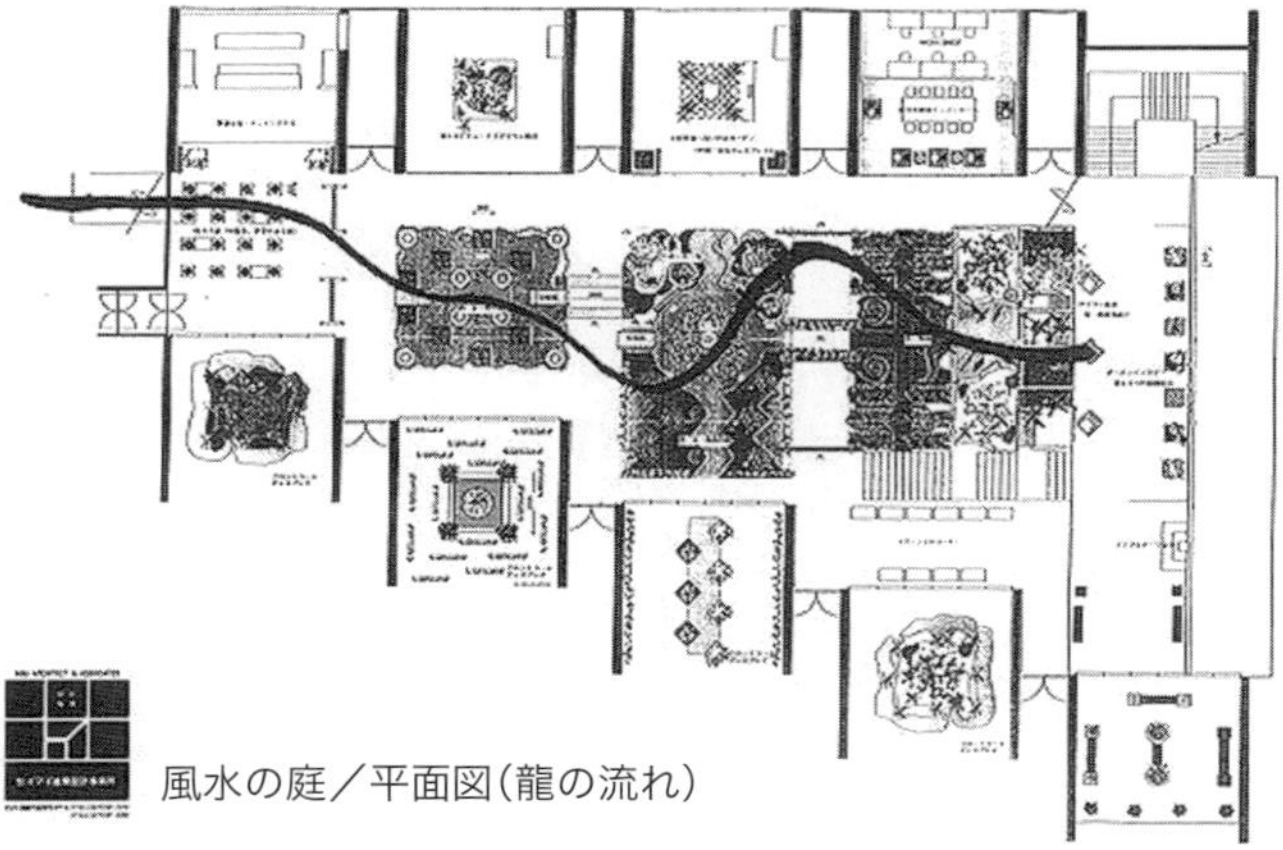

風水の庭／平面図（龍の流れ）

さて、ここからは「各部屋のインテリア風水」を紹介します。

基本となるのは「気の流れ」です。気は目には見えませんが、実際に存在し、室内を動いています。気の流れを知ることにより、インテリア風水の醍醐味が理解できるでしょう。

1

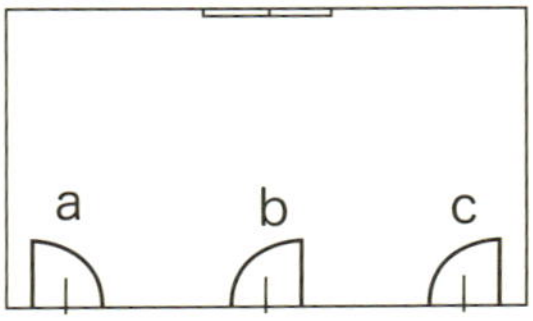

風水ではドアの位置がａ、ｂ、ｃの場合、どこでもドアの向きは変わらないとみる。本命卦によって方位に吉凶がある。

2

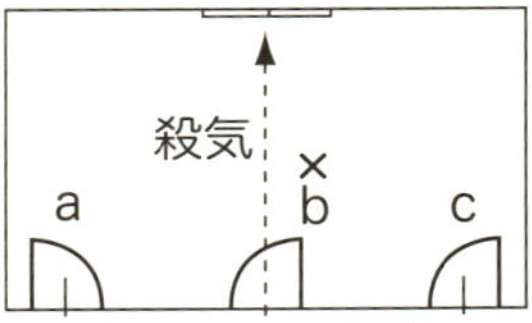

ドアｂの正面に窓がある。風水では直進の気を嫌う。強すぎるのである。よってドアｂは除く。

3

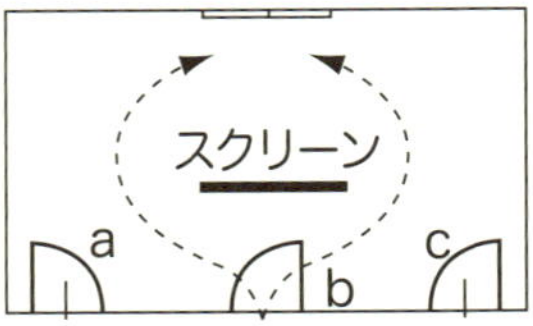

どうしてもドアｂを生かしたい場合は、ドアｂの前にスクリーンを設け、気の流れをやわらげる。気は図のように流れる。

4

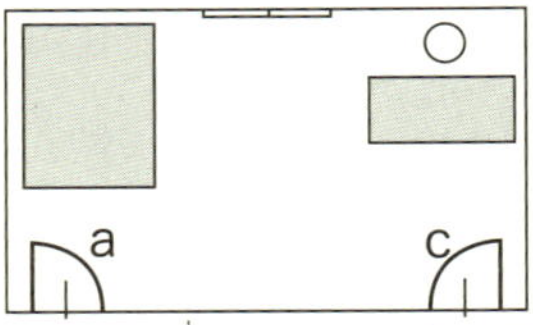

この部屋にベットと机を置くことにする。まずはドアａ、ｃを検討する。

5

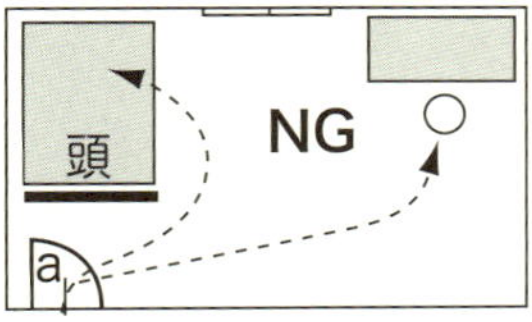

悪い例は、ドアの位置に背を向けること―不安定になる。ベットの頭の向きも同様である。
▬ はスクリーン

6

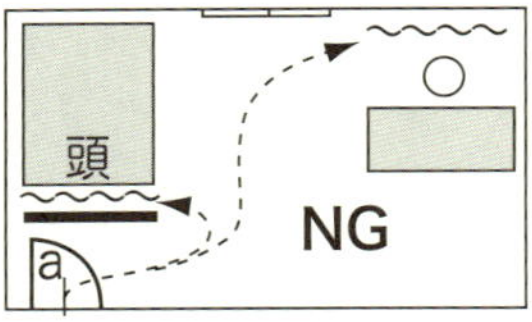

悪い例は、スクリーンとベッドの頭の間や机と後ろの壁の間に空間があるのは不安定になる。
▬ はスクリーン　〜〜〜は空間

7

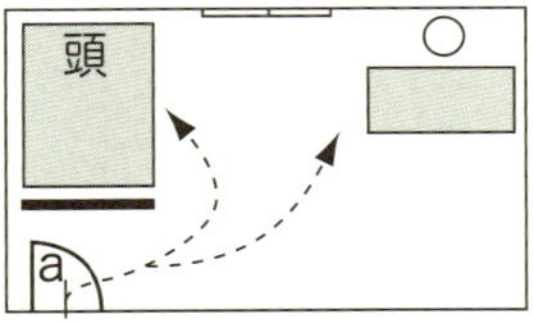

ドアａを生かす場合は、ドアａの前にスクリーンを設けて、気の流れをやわらげる。

8

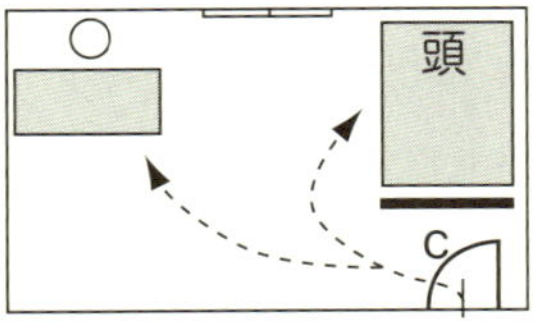

ドアｃを生かす場合は、ドアｃの前にスクリーンを設けて、気の流れをやわらげる。

9

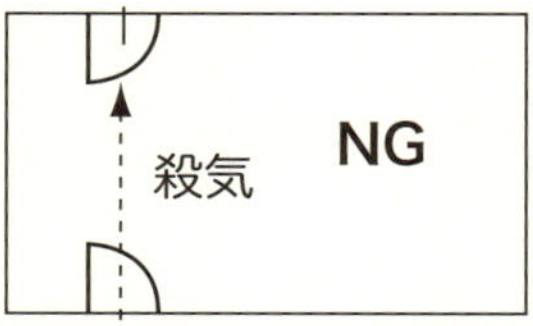

部屋のなかに対面するドアがある場合、気の流れが直進となり気が逃げてしまいます。

10

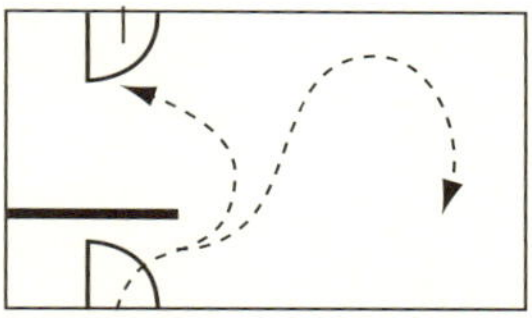

この場合は一方のドアの前にスクリーンを設けて、気の流れを調整します。

11

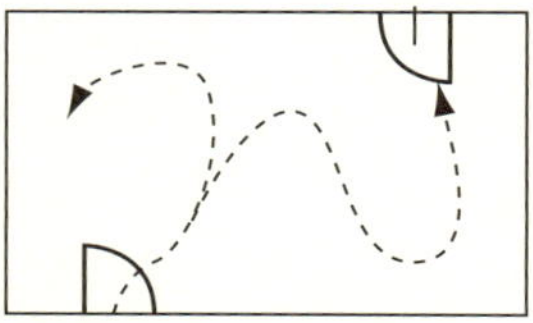

どうしてもドアの前にスクリーンを設けたくない場合は、対面のドアを移動させます。気は図のように流れます。

12

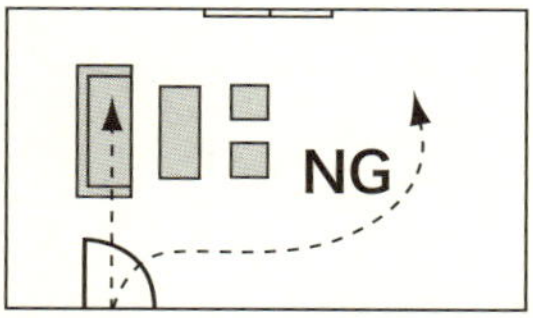

応接室の家具はドアの一直線上に配置するのはよくありません。

13

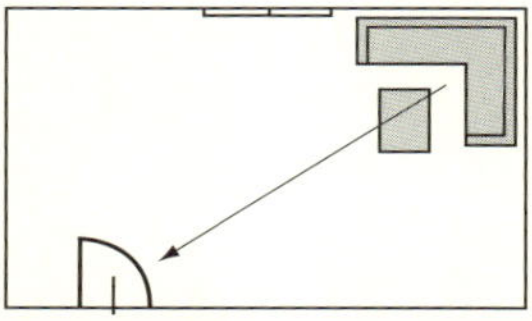

応接室の家具は、ソファに座った場合、常にドア方向が見えることが良いのです。

14

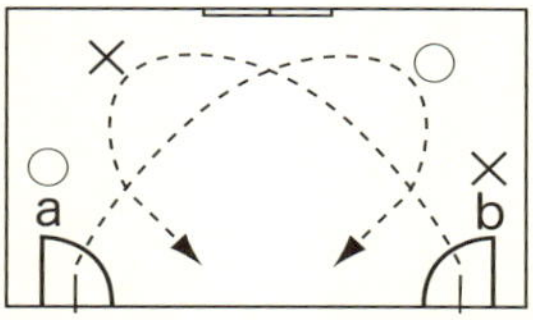

ドア a とドア b の位置を決める場合、「気の流れは時計回りの方が良い」とのことで、ドア a の位置が良い。

15

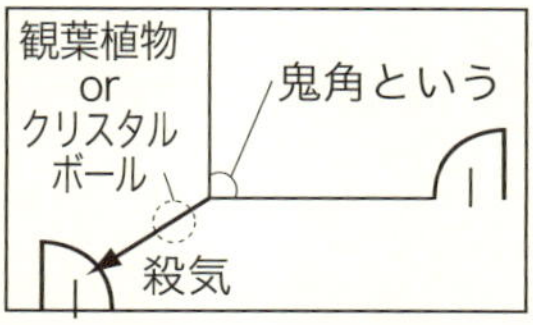

ドアを開けて部屋の角が入口に向いている場合、角の前に観葉植物を置くか、天井からクリスタルボールを吊るし、殺気の力を和らげる。

16

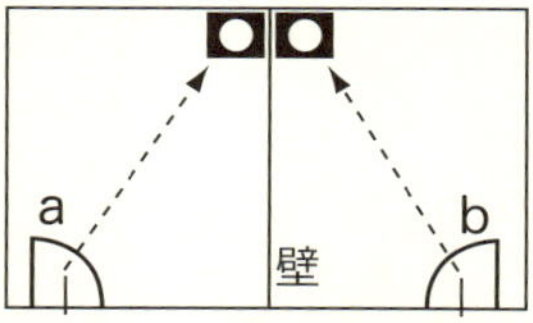

ドア a とドア b の部屋は仕切られています。財位の位置はドアの対角線の奥です。ここに金庫か水を置くと財運が高まります。

方位によるインテリア風水

玄関の方位	旺気方位	財運方位	文昌方位	桃花方位
北	南／東北	東／南西	南	東
北東	東	東南	西	西
東	南／西北／東南	南西／北	南西	南
南東	北／西／西北	南西／東	東	南
南	北／南西	東南	東北	西
南西	西北/東北	西	北	西
西	東／西北	北／東南	北西	北
北西	南西/東南	東／南	東南	北

ここに「方位によるインテリア風水」の適材適所方位を掲げます。神棚・仏壇は旺気方位に設置し、水槽・蛇口は財運方位に設置すると効果がありま す。共に玄関方位によって適所が決まります。文昌方位とは机を設置する適方位です。

旺気方位とは「旺盛なる方位」で最もエネルギーの強い場所をいいます。住居や事務所の居室に適しています。財運方位とは「財をもたらす方位」で金銭的に豊かになる場所をいいます。金庫を設置する場所に適しています。

旺気方位や財運方位には、神棚、仏壇、水槽、蛇口、鏡、電気製品を設置するのに適します。

「文昌《ぶんしょう》方位」とは、この方位に書斎や創造活動に関する仕事部屋をレイアウトすると、文章、学問、芸術、研究、創作などに良い閃きが生まれ、意欲的に取り組めるようになる象意があります。

「桃花《とうか》方位」とは異性運を強める方位です。この方位は恋愛運や家庭運をアップさせる方位です。恋愛運を上げたいのであれば桃花方位に向いて寝るのが一般的ですが、花を生ける方法でもいいです。水を入れた花瓶を桃花方位に置き、その水を常に綺麗な状態で保つことにより、恋愛運・異性運を高める作用があります。

本命卦による桃花方位、六殺方位、開運色

ひとり住まいなら本命卦を優先し、桃花方位が四凶方位に入っているなら部屋の向きでみます。六殺方位とは、電気製品（エアコン）を置くのに適していない方位で、本命卦によって忌《い》む方位で

本命卦	桃花方位	六殺方位	開運色
坎	南	西北	白
坤	北西	南	赤／ピンク
震	東南	東北	黒／グレー
巽	東	西	黒／グレー
乾	南西	北	黄／ベージュ
兌	東北	東南	黄／ベージュ
艮	西	東	赤／ピンク
離	北	南西	青／緑

す。ここに、本命卦による開運色も記しましたので、家具やインテリア、衣服、開運アイテムに活用して、あなたの運気をアップさせて下さい。

風水開運家づくり21

風水を家づくりに活用したい方は、私の最初の著作である『風水開運家づくり21』をお読み下さい。建築家の立場から「風水と建築」について、わかりやすく解説しています。

風水では運に乗ることを「龍に乗る」と比喩されます。わかりやすくいえば「リズムに乗る生き方が極意」なのです。それではリズムに乗って生きるとはどんなことでしょうか？

ここで「生き方のコツ」をまとめてみます。まず目の前に見えているものがすべて自分に対する回答だという考え方があります。それと人生に迷った時は自問自答することです。

その解答は自分自身の中にあります。そして今の自分は、自分自身が創っているという現実です。ということは、毎日の生活の中で起きている現象をどのように気づくかが「生き方と風水」の極意ではないかと思います。

建築という呪術を知る

私は長年、建築設計の仕事をしていますが、実は、大学の建築専攻の卒論では「日本の伝統論」をテーマに選びました。私はその「日本の伝統論」を探究する中で、多くの日本独自の伝統、文化、風土に関する文献を調べました。

そして、日本独特の文化が形成されるその過程において、いかに中国の思想が影響していたかを知ることになります。とくに古代中国の「陰陽論」や「五行論」などは、あらゆる分野に脈々と受け継がれていることがわかります。

さて、中国四五〇〇年の歴史ある風水の根本は、今ブームの「気」の概念でもあります。それではわが国の「風水とはどのようなものか」を追究しますと、「自然=春夏秋冬の四季」そのものだということがわかります。すると、わが国の風水でいう生き方のヒントが見えてきました。

実は、「春夏秋冬」のあるわが国の四季こそ日本文化の源であり、わが国の風土なのです。そして、日本の風土をさらに探究していくと、そこに日本の風水の原点である「土用」の存在が浮上してきます。

ここでは、本書のテーマである「形のエネルギー」を建築物という三次元空間から考察してみます。そこから何かをつかみたいと思っています。

柱と梁《はり》

わが国の建築物の構造の基本は、柱と梁の構成で成り立っています。その原型を追究してみます。

まず、柱に注目します。その代表が御柱《おんばしら》です。諏訪の御柱祭が有名です。

わが国は、地震大国として有名です。実は、御柱を地に立てるという行為は神聖なものであり、それは、日本列島の火山層に流れる地下エネルギーを封じる儀式でもあるという考えがあります。地震につながる地下エネルギーの要所を数本の御柱で封じ込めているといわれているのです。それは、まるで鍼灸、人体の経穴に針を打っていることに似ています。

柱と梁の原型は神社の鳥居に見られます。

柱二本と梁だけで造形されている鳥居ですが、何を意味するものでしょう。それは、神社の鳥居は、単なるシンボルだけでなく、俗世界と聖域との結界になっているのです。

気功をやられている方や、敏感な方が鳥居の中央に直角に立ち両手を広げますと、明らかに神社側と一般側との気の濃淡の違いが体験できます。
実は、柱と梁の構造体の形で空間のエネルギーをコントロールしているのです。気になる方はぜひお試し下さい。ちなみに神社に続く参道に橋がかかっていますが、この橋も同様な結界の役目をしています。本殿に近づくにつれて、気のエネルギーが増幅しているのです。これらの結界の手法は、わが国の造形の特徴でもあるのです。

つなぎの空間

「つなぎの空間」も日本建築の特徴です。日本庭園の借景も同じです。
日本建築の特徴としては、風土を利用しながら自然の中に建物が溶け込むように配慮され建物が造られています。日本を代表する桂離宮は雁行《がんこう》型といい、空間をつないでいます。自然のエネルギーを取り入れながら空間をつないでいるのです。土用の風土との共通点が感じられます。

軒下の空間

私が日本建築を探究している中で最も感動したのは、日本建築の特徴である大きく張り出た軒《のき》です。この軒は日本の気候から自然発生したものです。この軒下の空間こそ日本建築の特徴でもあります。

実は、この軒下の空間とは外でもない内でもない、内外の空間を一体化し、結びつける手法は日本建築の特徴です。この軒下の空間こそ、日本風土の源であり文化なのです。

それではこの「第三の空間」とは何か？　この空間の真意がわかると人生の達人になれます。それほどのパワーがあります。曖昧というか、ファジーの場所を作ることが日本の風土で文化なのかもしれません。

屋根の反《そ》り

民家や神社の屋根の反り、城の石垣の反りも日本建築の特徴です。

反面、屋根のむくりという手法もあります。これらは共に空間からエネルギーを受けたり、空間にエネルギーを放出したりする役目があるのです。

千木《ちぎ》

神社の大棟の両端に載せたX字状の材で、堅魚木《かつおぎ》とともに神社建築のシンボルです。元

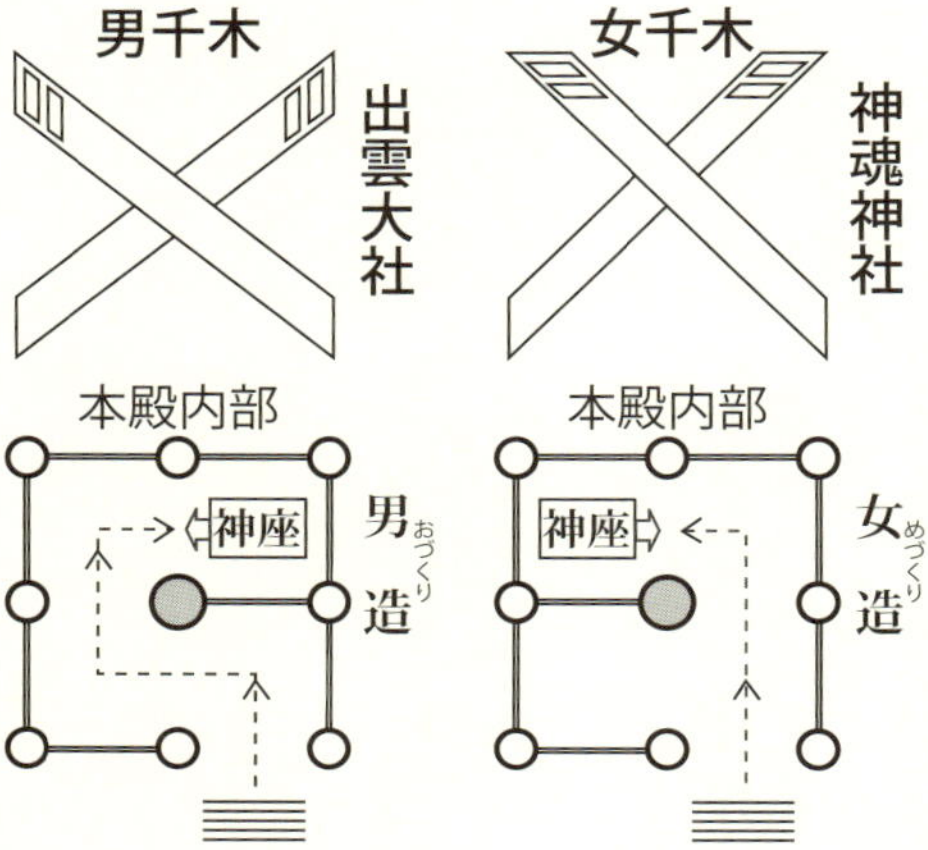

神魂神社の女千木と出雲大社の男千木

来は破風の先端が延びて交差していましたが，雨仕舞の関係から別材として棟上に置くようになりました。

千木にも陰陽あり、「女千木」のように千木を水平に切る切り方を内削《うちそぎ》。「男千木」のように千木を鉛直に切る切り方を外削《そとそぎ》といいます。

私は神社の頂きに位置する千木は、宇宙と呼応し、天から宇宙エネルギーを受信しているように感じます。

私は、二〇一五年の出雲大社の式年遷宮に参加し、帰りに国宝の神魂神社に寄り、大社造りの源を確認しました。日本建築の九本の柱で構成されるシンプルな平面と外観に感銘を受けました。九本の柱と日本の気学の九つの升目に類似性を感じました。

法隆寺と東京スカイツリー

木造建築では、世界最古の建築群である法隆寺の七堂伽藍のすべてが国宝に指定されています。平成五年に「世界文化遺産」に登録されました。

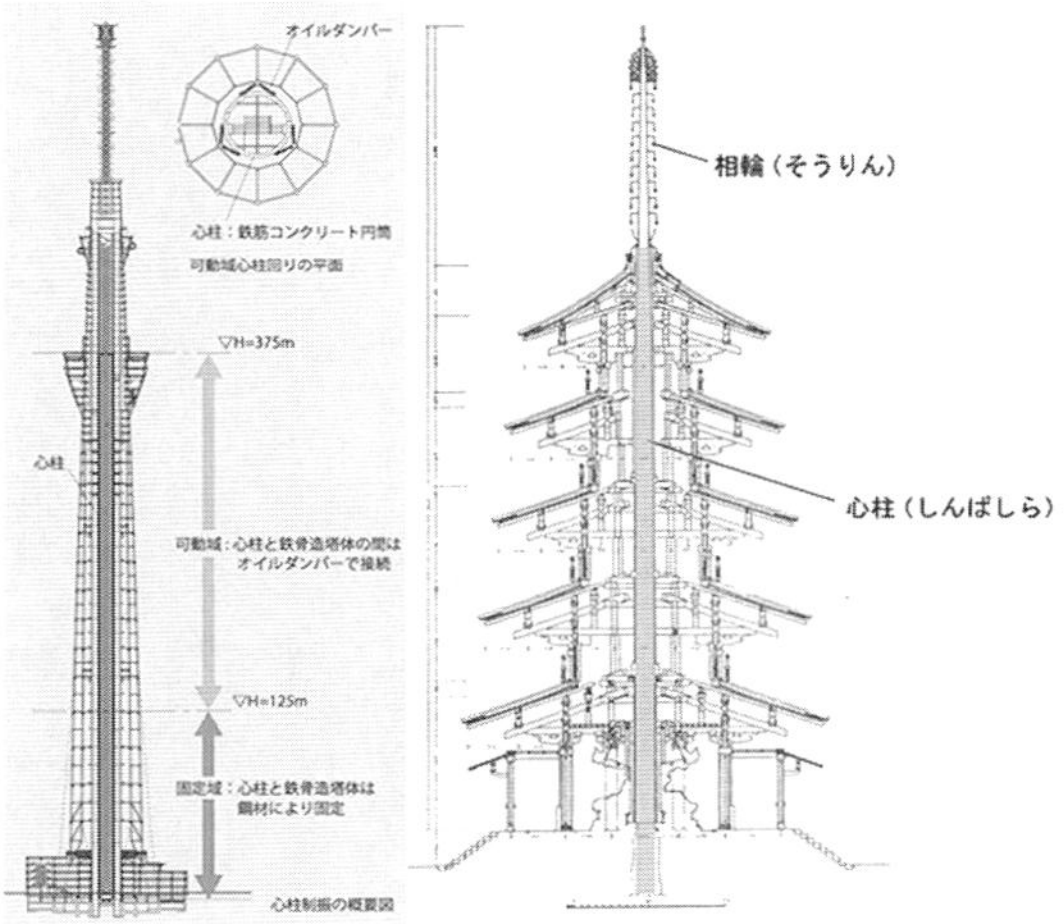

東京スカイツリー（左）と法隆寺（右）

建築群の中でも、五重塔と八角形の夢殿はよく知られています。「五重塔」は現存最古の木造建築物で、塔の高さは31・5メートルあります。今の建物の10階建ての高さです。そのとき建立した五重塔が、約1300年を経った今も現存していることが凄いです。

塔の外観ですが、屋根の軒反りは、中心からの微妙な反りであり、両端では急に上げるという手法で見事な曲線を描き、軒の出が大きいのが圧巻です。外観が美しい形になっているのはバランスがいいということです。

塔高の約三分の二が塔身、約三分の一が相輪と見栄えの良い比率になっています。象の巻で解説しますが、外観の屋根と壁の比率もが白銀比（大和比）で構成されています。

一方、「夢殿」は東院の金堂で、基壇、柱、須弥壇と共に八角形で構成されています。八角でありながら円堂と呼ばれていますが、この八角形こそ宇宙世界を表現しています。日本の伝統的な塔である「五重塔」は、これまでに地震による倒壊例がなく、その秘密は建物中央の柱＝心柱にあると推察されています。

２０１１年12月に完成した地上６３４メートルの東京スカイツリーは、地震に強いとされる五重塔を参考にして建造されているといわれています。鉄塔というよりも建造物です。約１３００年前に建てられた法隆寺をはじめ、地震に強いとされる五重塔を参考に、塔の中心部にコンクリート製の円柱「心柱」を構築しています。地震の揺れを塔内で吸収する「制震」という仕組みを採用して、地震時や強風時の揺れを軽減する設計になっています。

東京スカイツリーは、最古の「五重塔」の心柱の原理を導入し、日本建築の特徴である「反り」と「ムクリ」の形状を構造と意匠に合体させ、最先端の技術を使って完成しました。それはなぜでしょうか？　象の巻でその実際例と原理を紹介します。

このように東京スカイツリーは、世界に誇れるわが国の最高傑作の建造物であり、伝統ある日本建築の技術の結晶なのです。

法隆寺は木造建築として最古の建築と言われています。今でも「愚子見記」にその工法が伝わっています。私も縁会ってこの書を入手しましたが、その内容もすばらしく、家相や選日等についても詳しく記されています。と考えると、わが国の木造建築も風土と地形から建築技術や耐震構造の理論が脈々と受け伝えられていたのです。これも凄いことです。

＊【愚子見記《ぐしけんき》】国史大辞典法隆寺の工匠、平政隆が書いた技術書。九冊。法隆寺蔵。天和三年（一六八三）の著。平政隆は法隆寺所属の工匠で、本書は彼が見聞した建築関係の事柄を記したものであるが、広く吉凶・尺度・武具・調度にも及んでいる。建築史の上からは、内裏や諸社寺の建物の形状・寸法、建築費の積算、工事仕様などを記した部分が資料として特に重要である。

形あるものは必ず滅びる。日本人が何としても残そうと努力したのは建築ではなくその様式、すなわち形ではなく型であったといえます。

それからこれは大事なことですが、中国の「気」という概念に対して日本の「気」に相当する言葉を自問自答してみました。

その言葉とは「間」という概念です。この間という単語には、「間合い」「間抜け」「間違い」「間引き」「間延び」などがあります。さらにこの間というキーワードを建築の用語から引いてきますと、まず平面構成をすることを「間取り」といいます。場所を「空間」といいます。土地、家屋の正面の幅のことを「間口」ともいいます。それから部屋の名称にも「土間」「居間」「仏間」「洋間」「床の間」など「間」という漢字が使われています。

風水からのメッセージ

２０１４年に刊行した私の二冊目の著書『風水からのメッセージ　人生・ビジネス・家づくり』（想えば実現する）の感想を、多くの読者からをいただきました。ありがとうございました。

今回、「今、わが国で一番輝いている風水師の山道帰一先生」から、本の感想をいただきました。やはり一つの道を究めた人が語るメッセージには重みがあります。

完全に私の著書に対する著者の本音を見抜かれた感がしました。さすがです。脱帽です。ここに感謝をこめて、山道帰一師の感想文を掲載させていただきます。

著者の今井雅晴氏の「今あることを愉しむ」こと、そしてそこに風水というツールが重ね合わさり、単なるツールでは無く、人生観として「風水と共にこんな風に歩んで参りました」と、醸造されてくるものがあります。

そこには奇を衒うような華々しさや、珍しさというものでは無く、「ただ風水が好きだったんですよ。だから一緒にやってこれました」とでも言わんとし、まるで風水が良き伴侶で共に連れ添い歩いてこれたという道のりを感じさせてくれます。

そんな今井氏の素朴さは寧ろ力強く、建築士としても、そして設計事務所の長としても、人間としての務めと共に社会的な責任を背負い顧客と共に歩んできたことを感じさせてくれます。

これはまるで古来からの「風水師」の姿そのものではないかと、自然と違和感なく、読み進めていける今井氏の自分史でもあり、純然とした態度で風水に取り組んだ者であるという思惟が如実にあらわれ、読んでいて人様の家のお庭をこっそりと覗き込むことでわかる生活風景にも似た愉しさまであります。

今井氏が風水師・建築士として手がけてきた或いは背負ってきた設計の顧客には「地元スーパーの逆襲」と近年話題になり、小さくても強い企業として有名になったヤオコーも挙げられます。

ヤオコーの成長物語のプロセスと、その背景から今井氏が35店舗の設計を担当してきたという事実と共に氏の存在を強く感じます。

何歳になっても「男のロマン」を忘れさせない氏の生き方や探究心、また読み物として強烈なドグマや自己主張というものがまるでなく、氏の謙虚さとその生き方に素直に共感を覚えることができ、どんどん読み進められます。

風水テキストという枠に捕らわれない「風水思想」として、一人の人間として、自由に風水を追求し謳歌する者として、風水と共に歩んだ一人の風水師の生き様を感じさせてくれます。

爽やかな一陣の風のような、詩のような読み物で、私のストライクゾーンでございました。新しい切り口、そして世間と摩擦を起こすのではなく、自分の生き様で迫る！

素晴らしい風水との係わり方と生き方に共感を覚えます。

風水研究家　風水師　山道帰一拜

人の巻——人事を尽くし、引き寄せる

この「人の巻」では、古今東西において「成功哲学」でいわれるところの知識をまとめて解説します。目標を定め、さまざまなかたちで潜在意識にアプローチし、願望を達成させるために引き寄せを起こします。

無意識の志向

あなたにとって、幼少のころ出逢った環境や光景、TVや映画、本や雑誌などがとても深い意味を持っていることを知っていますか。とくにTVや雑誌に登場してくる時代のヒーローたちは、無意識にあなたの心の奥底に記憶されているのです。

実は、そんな出逢いが将来の自分を創っているのです。あなたが出逢ったヒーローたちの物語りや場面、その状況は、メッセージとなり、あなたの無意識に深く沈静していて、ことあるごとに今の自分を創っているのです。つまり、あなたが幼かった頃、あこがれ描いたことが、将来、現実になるのです。

今のあなたと、過去に出逢って感激したあの頃のあなたを想像して下さい。

私の場合もそうでした。幼少のころに私が出逢った大映映画で片岡知恵蔵主演の『七つの顔を持つ男（多羅尾伴内）』シリーズに憧れました。小学生高学年には、ちょっと大人の映画だったのかもしれません。
そのストーリーには一定の形がありました。それは、伴内による工作の効果によって、犯罪一味や被害者たちが大団円の舞台へと集まる。伴内が化けた謎の男を前にして、犯罪一味のボスが必ず問うのです。

ボス　「貴様は誰だ!?」
謎の男「七つの顔の男じゃよ。ある時は競馬師、ある時は私立探偵（多羅尾伴内）、ある時は画家、またある時は片目の運転手、ある時はインドの魔術師、またある時は老警官。しかしてその実体は……正義と真実の使徒（＝使者）、藤村大造だ！」

子供ながら、その映画のタイトル『七つの顔を持つ男』とストーリーに感動しました。子供ながら「かっこいい！」とワクワクしながら見ていたようです。将来そんな人間になりたいと潜在的にインプットされたようです。
今は昔、ヒーローは『赤胴鈴之助』『まぼろし探偵』『鉄人28号』の時代でした。プロレスの街頭テレビにも感慨深いものがあります。ということで、今でも格闘技を観戦するのが好きです。といっても会場まで行って観るほど勇気はありません。

それから五十年以上たった今の自分をみると想いは実現しているようにも感じます。

7つの顔を持つ男？　そうです。私の場合、奇術師／劇画家／占術家／風水師／気功家／収集家／建築家、正に7つの顔を持つ男／今井雅晴の誕生です。

その後、中学時代に劇画家である、さいとうたかおの『台風五郎』に感激し、劇画の投稿に没頭、三十数点のカットが劇画誌に掲載されます。

高校時代はハワイアンクラブに所属、ギターを担当します。私の叔父の影響かもしれません。当時、あのスチールギターの音色に魅了されました。大学時代は幼少のころに出逢った手品／奇術の世界に再燃焼し、校内に奇術愛好会を創設します。在校時に創作奇術を奇術専門誌に発表しました。漫画では、さいとうたかおの『ゴルゴ13』が流行していました。

卒業後は地元に帰郷し、市内の建築設計事務所に就職しました。当時は建築ブームということもあり、各種の建築の設計監理に携わりました。その事務所を十年間勤め、副室長という立場でその事務所を退職しました。その頃、007シリーズのジェームズ・ボンドに憧れました。

その後、自分の建築設計事務所を設立、各種設計をしながら事務所や家を新築しました。建築設計の仕事を通して必要必然で家相や方位の世界に出逢い、気学、易学、風水学を探究します。今まで二冊の本を発刊、そして、この本が刊行される今年、設計事務所を閉めて、新たな挑戦を始めてみたいと思っています。

ここで、私が何を伝えたいのかというと、時代は変わってもあなたの心の奥底には必ず憧れのヒーローがいたということです。人は潜在的にそのヒーローになりたいと願いながら生活しています。外観やルックス、カラーなど、五感に感じるものすべてがあなたの深層にインプットされているのです。

今ここで、あなたも、あなたの人生を振り返ってみて下さい。子供のころに熱中していた物やヒーローを、けっして幼稚なものとして排除せずにそのときの情熱とともに思い起こして下さい。それがあなたの生きてきた証と現実と符合することがあるはずです。そのパターンや色や形が何らかの形であなたの人生を形作っているのに驚かれることでしょう。今のあなたは、過去の産物に他なりません。

「人間はあなたが想った人になる」のです。

マンダラシート

九星飛宮図（後天定位盤）

四	九	二
三	五	七
八	一	六

巽宮 ◎	離宮 ◎⇨△	坤宮 △
震宮 ○	中宮 ○/△	兌宮 ◎
艮宮 △	坎宮 △⇨×	乾宮 ○

◎大吉、○吉、△普通、× 凶

人は社会に出て十年も経過すると、「天の巻」の「年代飛宮図」で提案したような軌跡を描きながら生きています。そのように生きている現実に驚きませんか？

ここでは、本書の天の巻で提案した「年代飛宮図」をさらに展開してみるつもりです。この図を埋めることであなたの経歴が見えてきます。このワークの作図にあたり、本当の目的は、あなたの将来の目標が明確になることです。

今回、各年代をあえて明確化するために前半／後半に分けてみました。将来の年代は目標や夢を記入するのも良いでしょう。まずは、この図を埋める作業に没頭して下さい。そして、今まで生きてきた自分と出逢った縁《えにし》に感謝して下さい。

年代飛宮図

80代／巽期 前半 後半	**40代／離期** 前半 後半	**60代／坤期** 前半 後半
70代／震期 前半 後半	**0代、90代／中期** 前半 後半	**20代／兌期** 前半 後半
30代／艮期 前半 後半	**50代／坎期** 前半 後半	**10代／乾期** 前半 後半

次に、将来の年代はこうなりたいと想う夢を描いて記入して下さい。すると、やがていつのまにか「願望が実現している」のです。

極意は〝今〟です。まずは年代飛宮図作成にとりかかりましょう！

各宮の移動（飛宮）は基本通りです。なぜなら、この動きこそ宇宙法則であり、宇宙パワー・エネルギーなのです。このエネルギーの波に乗って生きていくことが、最も楽に願望を達成することができるのです。

この基本図から、まず十年単位のあなたの予定を書き込みます。

ここでは各年代共、前半と後半に分けてみました。今まで生きてきた過去の年代についてはすでにわかっていますので、あった出来事を正しく記入して下さい。

例題では前半と後半の2ステージに分けていますが、原因と結果に分けてもいいです。各年代を三ヶ月単位で春・夏・秋・冬の4ステージに分けてもかまいません。より詳しく分類できます。どう分類するかはあなたの自由です。

〇～九歳＝中期、十～十九歳＝乾期、二十～二十九歳＝兌期、三十～三十九歳＝艮期
四十～四十九歳＝離期、五十～五十九歳＝坎期、六十～六十九歳＝坤期
七十～七十九歳＝震期、八十～八十九歳＝巽期、九十～九十九歳＝中期

ここで、今まで生きてきた年代を追究していきます。私の例で分析してみましょう。

次の「私の年代飛宮図」を見て下さい。このように九つの空欄を埋めると、自分の一生が見えてきます。結果、今の自分は過去の自分自身が創っていることに気づきます。となりますと、将来の自分を改めて設計することができます。あなたも早速「マイ年代飛宮図」を制作して下さい。必ず将来が見えてきます。

私の年代飛宮図の作成

80代/2027年～ 趣味探究を整理 後継者に伝える 人生を整理する 私設資料館設立	40代/1987年～ 新事務所を新築 風水セミナー開催 自邸&事務所新築 近未来研究会幹事	60代/2007年～ 大型店舗を設計 海外研修の旅 成功本を書く 奇術探究50年
70代/2017年～ 第三の人生発動 教材の開発展開 コンサルタント 後継者の育成	0代/1947年～ メンコ収集 切手､コイン収集 グリコ・カバヤ 漫画本・手品本	20代/1967年～ 建築設計に従事 奇術創作を発表 結婚：二子誕生 自邸を設計
30代/1977年～ 読書：自己啓発書 独立：設計事務所 気学・風水探究 各種建築設計監理	50代/1997年～ 仕事と趣味の連立 風水講演会 風水本の出版 風水の庭：監修	10代/1957年～ 中学：劇画 高校：ギター 大学：建築学 奇術愛好会設立

次頁に「年令飛宮図」の一覧を掲げますが、オギャーと生まれた瞬間を0とすると一才から百才までの年令ごとにどの宮に飛宮しているかを一目でわかるように作成しました。

この図から今の年令の数字を見るとよいのです。誰しも共通の象意があるということです。自然界・宇宙界のなかでは人間は平等であるということです。

この「年令飛宮図」を作成するなかで何かを感じませんか？　この表をみると各宮の数字に一つの法則があるのに気づきます。

年令飛宮図

巽宮／◎ 8,17,26,35,44, 53,62,71,80,89, 98	離宮／◎⇒△ 4,13,22,31,40, 49,58,67,76,85, 94	坤宮／△ 6,15,24,33,42, 51,60,69,78,87, 96
震宮／○ 7,16,25,34,43 52,61,70,79,88, 97	中宮／○△ 0,9,18,27,36, 45,54,63,72,81, 90,99	兌宮／◎ 2,11,20,29,38 47,56,65,74,83, 92
艮宮／△ 3,12,21,30,39, 48,57,66,75,84, 93	坎宮／△⇒× 5,14,23,32,41, 50,59,68,77,86, 95	乾宮／○ 1,10,19,28,37, 46,55,64,73,82 91,100

各宮の年令の単数の合計が最初の単数になります。中宮は最初の合計は０ということで、９が単数になります。

各宮に在泊した年令

乾宮＝１、兌宮＝２、艮宮＝３、離宮＝４、坎宮＝５、坤宮＝６、震宮＝７、巽宮＝８、中宮＝９、この宮と数の関係も意味がありそうです。

実は、この原理が今回提案した「年代飛宮図」の元になっています。

今回、本書の発刊に当たりこの「後天定位盤」を「目標設定チャート」にアレンジしてみました。一般にマンダラ思考法といわれています。

今回、あえてこのマンダラを私なりに解説します。

マンダラ＝目標シート

「後天定位盤」に基づいて解説します。

①東は「震宮」で、象意は雷です。「始動」を意味します。
②西は「兌宮」で、象意は沢です。「収穫」を意味します。
③南は「離宮」で、象意は火です。「引立」を意味します。
④北は「坎宮」で、象意は水です。「健康」を意味します。
⑤北西は「乾宮」で、象意は天です。天の時です。「行動」を意味します。
⑥南西は「坤宮」で、象意は地です。地の利です。「準備」を意味します。
⑦南東は「巽宮」で、象意は風です。人の和です。「人間関係」を意味します。
⑧東北は「艮宮」で、象意は山です。「改革／財運」を意味します。
⑨中央は「中宮」で、王の場所です。パワーがあります。ここに目標を入れます。

マンダラシートの一例

Ｓ８／人の和 人間関係	Ｓ４／人気：夏 引立	Ｓ６／地の利 準備
Ｓ７／原因：春 発進 情報	Ｓ９／目標設定 本の出版 シンボルの魔術 成功本	Ｓ２／結果：秋 金運 成功
Ｓ３／象の門 仕掛 財運	Ｓ５／元気：冬 種まき	Ｓ１／天の時 行動 目次／構成

ということで、まずは中央の空欄にあなたの目標を記入します。その目標を達成するために、次のステップS1からステップS9までの各空欄に、直感を信じて思いつくまま埋めていきます。順序は関係ありません。

ヒントとしては、後天定位盤の象意や意味を参考にイメージして自由に想いつくまま埋めていきます。実現するまで何度も書きかえてもよいのです。その結果は、あなたの記入した目標がことごとく実現します。ぜひ、お試し下さい。

【マンダラシート】

S0　目標		
S8　人の輪	S4　人気	S6　地の利
S7　原因	S9　目標	S2　結果
S3　象の門	S5　元気	S1　天の時
MEMO		

あなたも、このシートを活用してあなたの目標をどんどん実現して下さい。
発想次第でいろいろなバリエーションに挑戦してみましょう！
ワークショップも一段落したところで、ここから「人の巻」の本題に入りましょう。

自分にとっての「幸せ」とは何か

人生、この世に生まれてきたからには「人生が楽しく、幸せに生きる」義務と使命があります。これを全うするにはいくつかの宇宙法則に則《のっと》った生き方をすることが秘訣です。

ここではその宇宙法則を展開してみます。前書で掲げた内容も一部重複しますが、大事な項目なので再掲載しました。

1、生きる目標を明確化する

まず、自分のレベルを定めた上で目標を明確化すべきです。自分が何を望んでいるかを自問自答します。「一億円以上を貯める」とか、「好きなことをしながら生きる」とか、「趣味だけで生活する」「ボランティアで生きる」など、人それぞれの生き方があると思います。

この目標設定がとても重要なところです。

2、宇宙原理を知り、宇宙法則に従って生きる

天の法則があるとすれば、自然法則に逆らわず生きた方が楽です。今まで紹介した気学や風水の理論を身に付けていると、人生のさまざまな場面で不安や迷いなく、自信を持って選択し、生きていくことができます。

3、人間関係を大事にする

人は独りでは生きていけません。誰しもそれはわかっているのですが、どうしても自我が強く出てしまって人間関係で悩みがちになります。それは「相手を思いやる心」を育てていなかったことによります。相手の立場や気持ちになって接していると、相手もだんだん自分を理解してくれるようになります。そして、さらに新しい世界の人間関係が開けてくるのです。そんな人間関係があるからこそ、仕事も趣味もつながっていくのです。

4、何事にも興味を持って挑戦する

挑戦するからこそ、そこに場が生まれます。不安感や恐怖心があっても、自分が挑戦して手にした成功の場面で心を満たしてしまいましょう。対策として、自分にとっての長所、短所を知ることです。長所は活かし、短所は極力排除していって下さい。

5、吉凶、動より生ずる

誰しも家に留まっていたのでは何も起こりません。ましてや人生の開運など始まるわけがありません。目標が定まったら、その目標に向かってまず行動すべきです。話を聞いてくれる人をみつけて、自分の願望や目標を話してみることから始めるのもよいことです。

6、好きなこと仕事にする

「生活のために仕事をする」という発想を捨てましょう。どんなことにでも興味を持って毎日、楽しく仕事をしましょう。そして、適職を見つけることです。好きな仕事なら飽きずに作業に専念できます。ここが大事です。

7、自己投資する

人間的な魅力がなければ人は寄ってきません。仕事も続きません。極意は、今の自分に満足せずにもっと磨きをかけるのです。自分のレベルを上げるため、自分自身にお金を投資すべきです。そのお金は将来十倍、百倍、千倍以上になって戻ってきます。これが宇宙法則です。

8、引き寄せ法を実感する

「引き寄せ法」の極意は、宇宙銀行の存在を知ることです。陰日向なく、せっせと人様や森羅万象に対して徳を積み続けると、この宇宙銀行に〝徳〟という預金が貯まっていくのです。それが何の抵抗もなく習慣化していれば、あとは自分の受け皿を用意し、宇宙銀行とチューニングするだけです。自分が望むお金が正確に入ってきます。自分ながら驚くほどです。

9、成功への黄金律を実践する

他人に施し、与えることを実践することです。「人の喜ぶことをする」というのは、成功への黄金律なのです。その結果は、追ってあなたの望むものが入ってきます。最近、医学的にも人のために行動することが本人のホルモンバランスを正常化させ、驚くほど健康になるということがわかってきました。これこそ宇宙法則です。

10、お金を得る法

前書ではお金について書きませんでしたが、お金は人にとって重要です。

まず、あなたが自分のレベルを認識し、どの位を望むかがすべてです。金額と期間を決定して下さい。「〇才までに〇円をだれのために貯める」このフレーズが極意です。

この原稿を執筆中に、以前使用していた私のシステム手帳が見つかりました。パラパラとめくっていましたらこの「魔法のことば」が書いてありました。自分自身いつ書いたか忘れていましたが、何と！　書き込んでいた金額の入手が実現していたのに驚きました。

11、縁を大事にする

あなたにとって〝縁〟というものが用意されていますが、その縁は突然やってきます。あとはあなたがその縁を見つけ、どうかかわって、どう生かすかにかかっています。あなたが気づかないだけで、縁は日常茶飯事起きているのです。

12、願望を明確にする

「願いは叶わない！」と言っている人は、その願いが曖昧で具体性がなかったからです。明確に望んでいないと入ってこないのです。宇宙法則は、あなたが望むものはちゃんと入るようになっているのです。あなたにとって必要だから入ってくるのです。実現するのです。明確に望んで下さい。

13、ワクワクして生きる

この恍惚感があなたの人生を飛躍させます。意識のステージが上がっている状態です。すると人が寄って来ます。つまり、思わぬ出逢いが多くなります。そしてあなたが必要とするお金や財も集まってきます。

開運成功プログラムの実践

ここに前書に掲げた「成功のメッセージ」の続編を掲げます。奥が深いキーワードは再録し、さらに深く追求することにしました。

みなさん！　宇宙法則の波に乗って生きましょう！

1、自分のためにもっとお金を使おう

「高いなと感じたときこそ、買う」のです。この意味がわかると凄いです。まずは体感して下さい。あなたにとって偶然に出逢って、あなたが気になったものは必ず入手すべきです。極意は「迷わず購入！」です。本物は高価ですが、それがあなたを必要としています。だから将来、あなたを助けてくれるのです。

2、願望達成法「紙に書いて持ち歩く」

世の中で成功している人たちの共通点は、やりたいことを具体的な目標にし、紙にそれを自分で書き表わしています。本書で提案した「マンダラ／目標シート」を活用してあなたの願望を実現して下さい。想いながら願って書くと、やがて実現していきます。

3、成功の定義（ナポレオン・ヒル）

成功とは、他人の権利を尊重し、社会正義に反することなく、自ら価値ありと認めた目標を、黄金律に従って一つひとつ実現していく過程である。心構えが奇跡を生む。

4、80：20の法則

別名「パレートの法則」という宇宙法則です。「80：20の法則」とは、投入、原因、努力のわずかな部分が産出、結果、報酬の大きな部分をもたらすという法則です。

常に80：20で考え、80：20で行動することです。

この宇宙法則をビジネスに応用するとき、その最大の目的はできるだけ少ない資産と努力で最大の利益を上げることにあります。

今回、「80：20の法則」をさらに細分化してみました。80と20をさらに「80：20の法則」で分解しますと、「64：16」「16：4」の関係になります。集計すると、「80：20の法則」も「16：64：16：4の法則」に変化します。さらこの意味をあなたの眼で確認して下さい。世の中の縮図になっているのに気づきます。

5、「奇跡の成功ノート」（ジョセフ・マーフィーの言葉）

成功に至る第一歩は、自分が心に何を望んでいるかを見つけ出すことです。それがわからないうちは、何を期待してもだめです。

人間関係は鏡のようなものです。相手のあなたに対する態度は、あなたの相手に対する態度そのものと考えなさい。

人生にはある偉大な法則があります。それは「あなたの人生は、あなたの想い通りになる」ということです。良いことを思えば良いことが起きます。悪いことを思えば悪いことが起きます。これが潜在意識の法則です。

6、答えはすべてあなたの中にある

『原因と結果の法則』の著者ジェームズ・アレンの言葉です。

「この宇宙を動かしているのは、混乱ではなく秩序です」

「この宇宙は、『思い』から成長しました。物質は、物質化された思いにほかなりません」

7、成功への黄金律（ジョー・ヴィターレ『お金持ちの法則』）

前書の『成功への黄金律』でお金持ちになるための最強の秘訣とは「与えることだ！」と紹介しましたが、換言すれば、お金持ちの原理とは「豊かさは、与えたものに比例する」ということになります。

8、ブライアン・トレーシーの言葉

「今、強い信念がなくても問題ない。これから持てばいいのだ。まず、心の持ち方をポジティブにしょう。自分は必ず成功するという信念を持つことが成功の第一歩だ」

「成功者は心も裕福である。成功者になるためには、まず心の中から裕福な人間になる必要があるのだ」

「メンターの存在は、あなたの成否を分ける。指導してもらったことはすぐ実行し、メンターに誠意を示すことが大切だ」

9、キース・キャメロン・スミスの言葉

人には3つのタイプがある

何かを起こす人

何か起きるのを見ている人

何が起きたのか尋ねる人

人生の終わりを迎えようとするとき、人は「あんなことをしなければよかった」と思う以上に、「あれをしておけばよかった」と思うものです。

10、大切な人のリストをつくる

仕事上の大切な付き合いを考える際には、4人から7人を目安にしてその配分を次のように考えるとよいです。時代が変わっても、この宇宙法則は変わりません。
・目上の人、師と仰ぐ人を1人か2人。
・同等に付き合う人を2人か3人。
・後輩として面倒をみる人を1人か2人。

11、神田昌典『仕事のヒント』より

「実践すると目標が明確になる。目標を明確にすると実践しやすくなる。『実戦』と『目標の明確化』は両輪だ」

「メンターは『探す』ものではない。メンターは『現れる』ものである」

「成長とは直線ではなく、らせんである。半年後のあなたは、今この瞬間に決まっている」

12、引き寄せの法則／すべての願いが現実になる

「欲しいものを明確なヴィジョンとして描くこと、すでに自分は得ているという確信を持つこと、必ず手に入れるという決意をすること、与えられたものへの感謝の気持ちをもつこと」（ウォレスD・ワトルズ）

13、宇宙銀行の法則

宇宙銀行の存在をご存じですか？　この銀行の存在を知ると、必要なお金が必要な時にあなたの財布に入ってくることが実感できます。理性が納得できる仕組みを創った上で、誰かの役に立ちながら、その感謝の代償として「お金」を受け取る方法です。

想いは見えないエネルギーであり、お金は形のあるエネルギーです。宇宙銀行があなたの想いを認めた時、必要なお金はあらゆる手法で必ずあなたの元に入ってきます。宇宙原理です。ただし、お金が入ってきた時は「ありがとうございました」と宇宙の創造神に感謝の気持ちを伝えることを忘れはいけません。

14、カントリー・ジェントルマン

私の主宰する「i&iライフビジネス研究会」のコンセプトです。今でも変わりません。
「地方に住みながら、中央に目を光らせる。時流に流されず、自分の考えを持って実行する。本当に偉い人間とは、どんな人間なのか。肩書きでも学歴でもない。自分のしたい事を追求し、周りの人達に喜びを与える人間だ。時には嘘をつくのもいい。ただし、絶対に人を傷つけてはいけないんだ」（デマラ）
私の生き方の座右の銘となっています。あなたも「座右の銘」を見つけて下さい。
私の事務所の応接間には徳川家康の訓示、机上には宮澤賢治の「雨ニモマケズ」の言葉の楯が飾ってあります。共に誰もが知っているあの言葉です。味わうと共に心に響きます。

【徳川家康の遺訓】
人の一生は重荷を負って遠き　道をゆくが如し　いそぐべからず。
【宮澤賢治／雨ニモマケズ】
雨ニモマケズ、風ニモマケズ
雪ニモ夏ノ暑サニモマケヌ丈夫ナカラダヲモチ
慾ハナク、決シテ瞋ラズ、イツモシヅカニワラッテキル

意識を変える方法

「今ある自分は過去の意識の結果であるから、今、意識を変えることで未来を変えていく」ということは、何を意味しているかわかりますか？　簡単にいえば、原因と結果の世界です。この宇宙原理がわかると、意識を変える方法がわかります。

一言でいえば、「今の自分自身を知って、今を大事に生きる」ということです。

天の巻、地の巻で自分なりのワークショップを実践した結果、自分自身の性格、自分自身のリズム、今までの「ラインストーン」も確信、今後の目標シートも作成しました。

ここでは一瞬に「意識を変える方法１」を伝授します。

まず、書店にて「誕生日占い」の本を購入します。同種の本が数冊ある場合は、自分が直感で気になった本を入手して下さい。

その本を手にしたら自分の誕生日の頁を開いて下さい。そこには自分の性格や運勢が書かれています。１００パーセントとは言いませんが、なぜか75パーセント位は合っているようです。まずそこに書いてある内容を今から確信して、今後の指針として下さい。

ここからがスタートです。新しい自分に出逢います。信じるか信じないかはあなたの自由ですが、まずは今の自分の意識を瞬間に変える方法としては効果的かと思います。何事も出逢いから始まります。

次に、瞬間に「意識を変える方法２」を伝授します。

私自身、今まで多くの占術に興味を持ち探究してきましたが、文献として収集しているものの、巷でブームになっているタロットカード占いや手相占いはあまり興味がありませんでした。最近、近くのカルチャーセンターでタロットカードと手相入門講座が開設されているのを知り、今回、初心者の気持ちで受講してみました。これが結構楽しかったです。

そのワークショップで体験してわかったことですが、タロットカードでも「意識が変わることができる」と直感しました。安易にできますので、ここでその方法を紹介します。

タロット占いでは「カードを手にしたとき、運命は変わる」と言われています。

まずは書店やネットで結構ですから、「タロットカード占い」(解説付)を購入します。

いろいろな種類があることに驚かされます。ネットでも結構ですから、自分と波動の合った気になった「タロットカード」を購入して下さい。ここから先、もう一人の自分を発見するでしょう。最近、私が体験したタロット講座を基に考えた「意識を変える方法」です。

タロットカードは一組78枚で構成されています。その内容の内訳は大アルカナカード22枚と 小アルカナカード56枚、合計78枚のカードからセットされています。

「タロットカード占い」講座といっても、1DAY入門講座ということで、当日は大アルカナカード22枚に描かれているカードの解説が主でした。ここでは頁の関係上、22枚のカードの名称のみ紹介しますが、詳細につきましては、購入されたタロットカードの解説書をご覧下さい。

0＝愚者、1＝魔術師、2＝女教皇、3＝女帝、4＝皇帝、5＝法王、6＝恋人、7＝戦車、8＝正義、9＝隠者、10＝運命の輪、11＝剛穀・力、12＝吊し人、13＝死神、14＝節制、15＝悪魔、16＝塔、17＝星、18＝月、19＝太陽、20＝審判、21＝世界(宇宙)

タロットカードで占う場合、シャフルによってカードの上下が正位置、逆位置（リバース）になりますが、位置により同じカードでも意味が違ってきます。

小アルカナ56枚のカードはトランプに似ていて、◇ダイヤ、♣クラブ、♡ハート、♠スペードと同様、四種類のスートから成り立っています。本書では省略します。

あなたも私と同様に、タロットカードを入手し、78枚のタロットカードの中から、大アルカナカード22枚を取り出します。そして、「今後の自分の生き方として、どんな自分自身を描くか」を問うのです。その22枚のカードをシャフルしてから1枚のカードを選びます。その最初に選んだカードの意味を解説書から読み取り、今後のもう一人の自分を創ります。その人物こそがサイボーグであり、あなたの式神《しきがみ》になり、今後のあなたを助けてくれるのです。この方法も信じるか信じないかはあなた自身の受取り方かもしれません。

実は、あなたの分身として味方となって動いてくれると想った瞬間にそうなるのです。

実際、人生なんてそんなものなのです。「宇宙法則」と同じで、実にシンプルなのです。

ちなみに、私が最初に出逢ったタロットカードは、「VQクエスト」（ヴィジョンクエストタロット）といったアメリカ・インデアンのモチーフにした「タロットカード」でした。出逢いに偶然はありません。すべて必然なのです。天からのメッセージなのです。

タロットの世界では最初に手にしたカードが重要で、自分の分身といわれています。私が最初想ったカードは「メディスンマン／マジシャン」で、無意識で選んだカードも何と！「メディスンマン／マジシャン」でした。

一般のタロットカードでは「始まり」を意味します。奇術師、占い師の意味もあります。なぜか私にとって、不思議な出逢いに感動しました。

以下は私の分身である「メディスンマン」のメッセージです。

タロットカード、VQ 版の「メディスンマン」

「VQタロット」のキーワードは「超自然的な力、内なる男性的要素、自然の力への信頼の念、未来のことについての洞察、真実を直感的に把握する、エネルギーの循環、人を助ける能力を持ち喜んで人助けすること、新しいことを試み、はっきりと目に見えるような形で表現する」、そして「内なるメッセージ」は「あなたはもう自分でこうなりたいと探し求めていた存在そのものになっている。偉大な神秘によって贈られた才能を活用することを可能にする」とのことでした。

今後の私の生き方が暗示されていたのに驚きました。やはり偶然はないのです。今後の生き方（第三の人生）を確信しました。

あなたもぜひ、私提案の「誕生日占い」と「タロット占い」をクロスオーバーさせて新しい自分を創造して下さい。あなたの「第二の人生・生き方」が見えてきます。

さて、あなたが人生において仕事や人間関係に悩んだり、迷ったりすることがあるでしょう。その時は人生の先輩や友人に相談するのも必要ですが、その前に解決する方法を紹介します。

1、今、書店で多くの名言集が発刊されていますので、書店であなたの波動に合う名言集を数冊購入して下さい。何かで迷ったりした時は、無心でパラパラとめくると、そこに解決策が書かれてます。なるほど！　と感じることができます。気持ちが楽になります。

2、先ほど紹介したタロット占いでも、あなたに対して的確な助言をいただけるでしょう。

3、あなたの尊敬するメンターとのネットワークを作っておき、指導を受けるといいです。

生活習慣を変える方法

（意識が変わると生活習慣も変わり、人との接し方も変わってくる）

ここまでくると、自分自身がどんな人間としてこの世に誕生し、どんな性情を持って生まれ、これからどんな生き方をし、どんな使命を果たしてこの世に残して行くかが明確にわかってきます。

今後の、自分の生き方の目標が明確化してきたのです。となりますと、必然的に自分の生き方が変わってきます。自分が何のためにこの世に誕生し、どう生きるか、そして自分の生きる証《あかし》も見えてきます。ここから毎日の生活環境もおのずと変わってきます。

人生は一度限りです。これは事実です。ならば、私たちは自然に逆らわず、「宇宙法則」に従って生きる方がベストです。あなたの求める素敵な出逢いと、素敵な生き方、そして、素敵な住まい方を楽しんで下さい。ここから物語が始まります。

私事で恐縮ですが、ここに私の実践から「生活習慣を変える方法」を公開します。

私の一年の行動発想は、日本の暦にある二十四節気と祭事や年中行事が中心になっています。暦は古代中国で考えられたものでわが国にも伝わっていました。立春、立夏、立秋、立冬いう言葉を聞くと、なぜか身近に感じますね。生活習慣を変えるにはいい方法です。暦は春夏秋冬の自然界のリズムを二十四節気に分け、一年十二カ月を24のリズムで分類し、季節の推移を上手く表現しています。このリズムを取り入れて生きるのです。

暦には年中行事や祭事から構成されています。

祭事とは一年間で行われる行事、祭礼（祭祀）を含み、生活を彩る四季の節目ともいわれています。

古代中国では、政治や農業に関することを広義に含んだ意味に使っていました。四方を海に囲まれた日本は、季節による自然の恵みと海や山の幸に恵まれています。私たちの祖先はこの自然の恵みを神に対する感謝の祈りとして、私たちの生活の中に年中行事や祭りごとを大切に残してきました。

時代や生活の場は違っても四季の変化を見せてくれる日本の自然に対して、神仏への感謝と祈りの日々を送ったことが祭りの行事として定着してきました。そして日本の祭りや年中行事は、わが国の文化、伝統として後世に残っていきます。私はこの伝統文化こそ日本独自の風水／風土思想と思っています。

昔から正月は一年の始まりということで、その年の新しい神がどの家庭にも降りてくると考えられていました。各家々ではこの神様を迎えて今年も実り豊かな年であることを祈るための「初もうで」を始め、さまざまな正月行事が行なわれました。新たな年を迎えて初水を神事に用いたりする「若水迎え《わかみずむかえ》」という作法も神聖な儀式でした。

「一年の計は元旦にあり」というフレーズがあります。毎年、新年を迎え、私の正月三箇日のスケジュールは決まっています。それをご紹介しましょう。

まず、元旦の最初の行動は高崎駅に行き、元旦に発行されているすべての新聞を買ってくることから始まります。当日は元旦恒例の全日本実業団駅伝が群馬県で開催されます。この列に遭遇しないように早く家を出ます。途中、私の菩提寺に寄り、新年の挨拶をしてきます。その後、駅の売店で元旦に発行されているすべての新聞を買って家に戻り、ポストから年賀状を取り出します。毎年約300通が届きます。朝食の雑煮を食べてから、午前中に高崎神社に新年の参拝に行きます。毎年、神社で暦と交通安全のお守りを購入し、隣接している美保大国神社にて参拝し、家内安全と商売繁盛の札を受けます。

昼食後の午後は、私宛てに届いた約300通の年賀状に目を通し、整理・分類し、それが終わると、朝に購入してきたすべての新聞に目を通します。各紙の特集記事から、今年一年間の社会の動向を予測・判断します。実際、かなり当たります。この生活習慣は三十年以上続いています。

正月二日の午前中は、これも恒例になっていますが、前橋西武の古本市に行きます。無意識に店内を歩き、目につく本を手にし、そのとき気になった本をすべて購入します。私の場合、この古本市で手に入れた本がその年の一年間の行動を暗示しているようです。結果、今まで多くの貴重な本を手にすることができました。午後は妻の実家に新年の挨拶に訪れます。今では前橋西武も撤退、状況も変わり、時代を感じます。

正月三日は、その日の吉方位の吉時をみて、近くの神社に初参りに行きます。私の場合、昨年一年間の感謝と今年一年間の安全を願って合掌します。

これらが、正月三が日の私の恒例行事です。

ここで、あなたに伝えたいことは元旦に発刊されている全新聞を購読するという生活習慣です。この元旦の行動がなくなったら、私の人生も終わりに近づいた証です。

一月の中旬に成人の日（祝日）を迎えますが、この日は「今年一年の目標・行動計画」を作成します。この作業は重要です。

一月十八日頃から冬の土用に入ります。立春、立夏、立秋、立冬の年四回の季節の変わり目の前約十八日間を「土用」といいます。一月中旬から始まる冬の土用は立春を迎えるため、土気作用が一番強いのです。冬の土用期間は活動的にならず、あまり無理をしないで、昨年一年間の人間関係や仕事の整理をすることをお奨めします。

二月に入り、二月三日の節分の夜には、季節の変わり目に起こりがちな災害や疫病を鬼に見立てて追い払う儀式を行います。本来、門や玄関には鬼が戸口から入るのを防ぐためひいらぎの小枝にイワシの頭を刺したものを飾りました。鬼はイワシの臭いが大嫌いとのことが由来です。「福は内、鬼は外」と二回ずつ繰り返し、声をかけて豆をまくわけですが、この節分に中国では、豆ではなく五穀を撒き散らしたと伝えられています。

このあと家族全員でそろって豆を自分の年だけ食べますが、豆を食べると「健康（まめ）になる」といわれることから始まったそうです。このように私たちが日常に行われている年中行事には、実はこのような祖先から生きる知恵が脈々と伝わっているのです。

二月四日は立春です。易占の世界では一年の始まりとなります。

「一年の計は立春にあり」です。

古い文献をみると、立春の一週間前から、立春を迎えるための儀式が記してあります。それほど立春には新年を迎えるためのエネルギーがあるのです。

二月最初の午の日を「初午《はつうま》」といい、稲荷神社の祭礼が全国各地で行なわれます。この儀式は「今年も豊作でありますように」と祈る祭りですが、伏見稲荷神社の祭礼が始まりとされています。

なお、初午が早い年は火事が多い（午は五行でいう火にあたります）とか、初午が二月五日前に来る年は豊作、六日以降ですと不作になるといわれています。

三月に入ります。三月三日のひな祭りがあります。別名「桃の節句」ともいわれ女の子の美しい成長と幸福を願うお祝いです。そして、三月中旬、お彼岸を迎えます。お彼岸には「春彼岸」と「秋彼岸」があり、それぞれ春分の日と秋分の日を中心に前後三日間計七日間をいいます。春分の日と秋分の日は昼と夜の長さが同じ日で、太陽が真東から上がり真西に沈みます。ここが凄いことです。

古代仏教では、西方に阿弥陀如来《あみだにょらい》の極楽浄土があるといわれていました。この両日には先祖の霊を供養して往生の本願をとげさせるための仏事を行うのです。お彼岸は、極楽浄土へ最も願いが通じやすいことになります。墓である先祖の家を良くする方策を陰宅風水として紹介しましたが、墓参りをして先祖を供養することはとても大事なことのです。古今東西、先祖を祀ることは子孫繁栄に繋がり、しいてはあなたの開運の基礎ともなるのです。

四月十八日頃から五月五日頃まで春の土用です。気候の良いこの頃はガーデニングもしたくなる時期ですが、人によってはこの期間の土いじりの作業で体に変調を感じることがあります。土気作用です。せっかくのゴールデンウィークなので、どうしてもガーデニングに着手したい方は「間日《まび》」といって土用期間でも土気作業を受けない日に作業して下さい。

この「間日」ですが、春夏秋冬の土用によって違います。ちなみに春の土用の「間日」は巳、酉、丑の日です。日の十二支は暦で確認して下さい。土気作用が避けられる日といわれています。

運を上げたいと考える人は「計画を練る重要な日」と考え、今年一年の初期調整として「目標／行動計画スケジュール」を見直して問題があれば書き換えて下さい。

五月に入ります。五月二日頃、「八十八夜」があります。「夏も近づく八十八夜」という歌がありますが、この日から霜がだんだん降りなくなって畑の作物の種まきとか野菜の移植をするにはいい時期に入ります。これが何かというと、立春から数えて八十八日目が八十八夜なのです。この日を境にして茶摘みの最盛期に入ります。

私の場合、趣味で家庭菜園をやっていますので、例年、春の土用の前に土壌を改良し、土用明けに、きゅうり、トマト、ナス等の苗を植えます。そして夏に収穫します。秋の土用前も同様です。ブロッコリの苗を植えます。年明けに収穫します。極力、土用期間を避けています。あなたも家庭菜園に挑戦して下さい。自然の恵みに感謝です。

五月五日は子供の人格を重んじ、幸福を願う「こどもの日」があります。これは「端午《たんご》の節句」といい男の子のお祭りです。端午の午というのは十二支でいう午《うま》なのです。午は旧暦でいうと五月を意味します。

そして、「鯉のぼり」を飾る風習がありますが、これは中国の故事に「鯉は龍門の滝を登って龍となる」とあり、立身出世を意味するということです。このことから、男子の成長を願う日でもあるのです。

三月三日の「ひな祭り」、五月五日の「こどもの日」に準じて、五月の第二日曜日は「母の日」、六月の第三日曜日は「父の日」です。この両日の日は自分を生んで育ててくれた親に感謝する日でもあります。両親も子供から元気のエネルギーをいただける日です。あなた自身、いくら忙しくても、三月三日の「ひな祭り」、五月五日の「こどもの日」には、身内の子供にはぜひプレゼントして祝福して下さい。子供は将来の日本を背負っていいます。それが将来、自分に戻ってきます。

七月七日は「七夕」です。この祭りは星祭りです。天空の天の川が頭上によく見えるようになります。天の川というとキトラ古墳内に描かれていた二十八宿の天の川は有名です。

それから暦には「土用」があります。夏の土用といえば「土用丑の日」「土用干し」などは耳にしたことがあると思います。夏の土気エネルギーは強いので、土気作用に注意して下さい。それから「お盆」がありますが、七月十五日を中心に行われる先祖供養の仏教行事で祖先の霊を迎えて行われる仏事です。

九月に入ります。九月九日は「重陽《ちょうよう》の節句」です。古代中国では、奇数は生をあらわす陽の字で、特に九は最高の陽数としておめでたいとされていました。となりますと陽が二つ重なるこの日に何をすればよいかおわかりになると思います。願をかける日です。

九月十五日は「敬老の日」、そして十月十五日は、「七五三」を祝う日です。蛇足ですが七五三の合計は十五です。気学の飛宮図に代表されますが、人生において意味のある日です。

十二月は師走です。三十一日の大晦日の「除夜の鐘」の一〇八回は、煩悩の数で、解脱の意味があります。除夜の鐘の神髄はここにあります。あなた自身の年間の人生目標が現実になります。

このように、日本の風土に暦を活用して、四季を取り入れた生活を自分の生活の中で習慣化することが「自分自身の生活習慣を変える」確実な方法です。

極意は、祝日と土用期間を「自分改革の日」の記念日と称して、常に「人生目標に対して、計画を練り、計画を見直す日」に変えることです。信じて実践してみて下さい。

この一年間には数多くの人との出逢いがあります。自分の目標を決めて頑張っていると、白馬に乗った天使が向こうから〝宝物を持って〟やってきます。この出逢いの大事な縁を逃がしてはいけません。そのときが来るまでに、あなたも自身のレベルを上げておく必要があります。

それには当たり前のことですが、毎日の仕事を確実に消化し、本を読み、セミナーに出かけ、学び、自分のためになる時間を使うことです。自己投資をして下さい。ある程度レベルが上がってくると、そのレベルに準じた人があなたの前に必ず現れます。なぜなら、あなたを必要としているからです。これが宇宙法則なのです。

私の生活習慣

前述した一年間の行事を、何のためらいもせずに生活習慣としてごく当たり前のことのように私は毎日を過ごしています。参考にしてみて下さい。
1、毎月、一日と十五日には必ず神棚と仏壇に供えたものを取り替えます。神棚には榊、塩、米、水、酒を供え、ろうそくに火を点けて「二礼、二拍手、一拝」をして、今の気持ちを報告します。仏壇は先祖供養のためです。宇宙は原因と結果の世界ですから、人の人生はすべてはここから始まります。感謝の気持ちを育みながら実践することが「生きる」上での基本法則です。

2、春のお彼岸、秋のお彼岸も同じです。数日前に、先祖に感謝しながら仏壇の内部と部屋を掃除します。その後、霊園に行きお墓の清掃をして生花を供え、御線香を焚き、先祖に家族元気で暮らしていることを伝えます。墓参りに行ってくるとなぜか気分がすっきりしてきます。いやなことが生じたり、気分がすっきりしない場合は、霊園に行ってお墓の掃除をしてくるとすっきりします。ぜひあなたの生活習慣の中に取り入れて実践してみて下さい。先祖があなたを助けてくれるのです。宗教的でなく、そう思いませんか？

3、仕事ばかりしているとストレスが溜まってきます。そのときは、天の巻で学んだ吉方位を活用して旅に出かけましょう。吉方の旅はあなたの想いを活性化させます。

4、仕事のすきま時間を利用して、常に書店に足を運んで下さい。足の向くまま無意識に歩いていると、今あなたに必要な情報が入っている本に出逢います。気になった本は迷わず購入して下さい。将来、きっと役に立つ情報が書かれているはずです。

5、気になったセミナーは積極的に参加しましょう。その会場で出逢った人と友だちになりましょう。意味があるから会えるのです。もしかしたら将来の親友になるかもしれません。

6、それから、これは開運の基本ですが、あなた自身で家の便所掃除をすることです。小さな空間ですが、無心の気持ちで掃除をしていると、見えないものが見えてきます。何が見えてくるか、ここでは告げませんが、きっと何かを発見するはずです。

7、また、どんなスペースでも結構ですから、自分のデスクを持つことです。手の届く所に書棚を設置し、一日に一回は机の上で「考える」ことを習慣化して下さい。そしてメモを取ることとです。そこで「あなたのマンダラシート」の書き換えをしましょう！　あなたの「ホーム・オフィス」に乾杯！　ぜひ実現して下さい。

8、時にはゆっくりとコーヒーでも飲みながら、ボーッとする時間を創りましょう。あなたを進化させるメッセージが直感となって天から降りてきます。

9、天気の良い日は、気分転換を兼ねてウォーキングをしましょう！　あなたに必要な何かを発見するかもしれません。美術館巡りも最高です。

10、お金に少し余裕がある人は、今流行の「スモールハウス」を敷地内に建てるのもお奨めです。時には慌ただしい生活から逃避し、別棟の隠れ家で過ごすのも快感です。

建築基準法では10平方メートル（約３坪）までなら、確認申請を出さないで造ることが可能です。

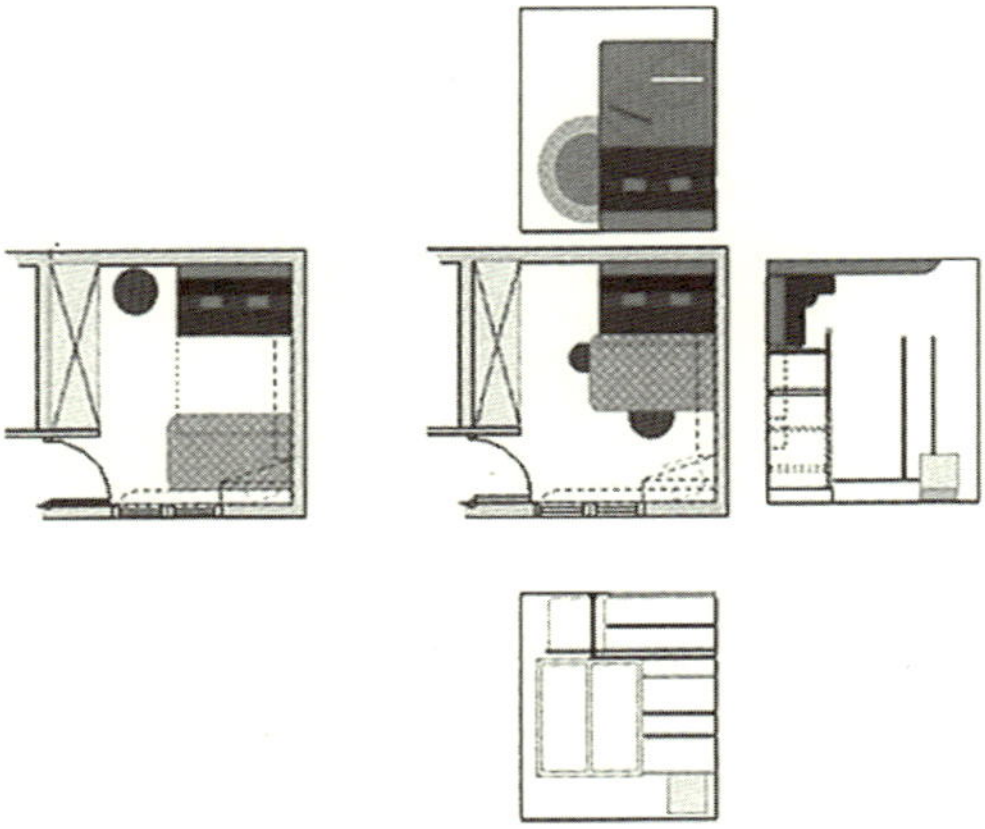

Home office ／ Studio in San Cugat

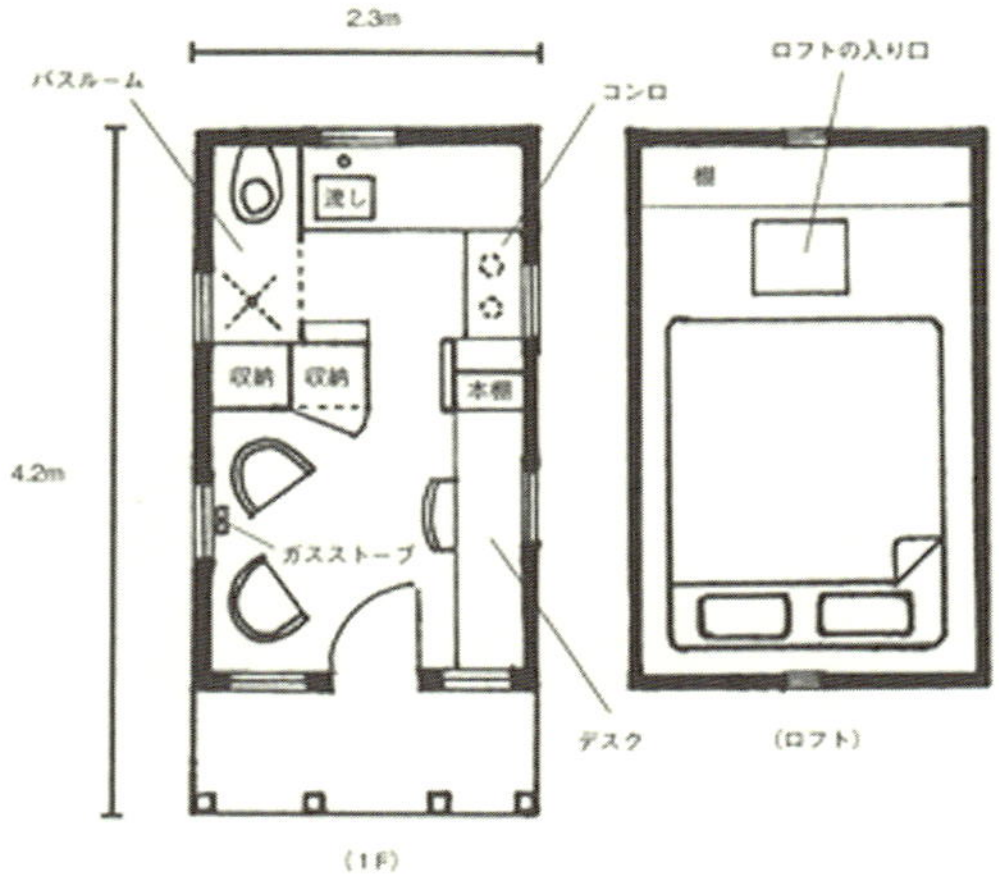

スモールハウス／「スモール」
だからこそ得られる自由な生活

読書という魔術

ここに一冊の懐かしい新書本の古書があります。その本は『潜在意識の活かし方』（ダイヤモンド社／昭和三十九年四月発行）です。本の裏に私が購入した日付が押印されています。昭和三十九年十二月二十四日付ということは、私が十七才の十二月にこれを手にしたことになります。高校生の時です。開いて見ると、所々に鉛筆で線が引かれ、読んだ形跡があります。この頃からこのような精神的な本に興味があったようで、沖正弘のヨガの本も読んでいました。受験勉強でスランプに落ち込んでいた時に読んだ記憶があります。

その後、大学受験の勉強中にカタログを取り寄せている途中で『奇術研究』（力書房発行）という奇術雑誌が発行されているのを発見し、とても興奮しました。いずれにせよ、幼少の頃より不可思議なことに興味のある性分だったようです。

大学の建築学科に入学後、学内に「奇術愛好会」を創設させました。当然、『奇術研究』誌のバックナンバーはすべて購入しました。奇術の趣味は今でも続いています。２０１５年に創設五十周年を迎えました。この五十年間の主な奇術文献は、九十パーセント以上揃っています。現在、この「奇術愛好会」の創設者ということで名誉会長です。

大学在校時代に創作奇術ができるようになり、在学時から『奇術研究』誌に私の創作奇術を発表していました。その後、大学を卒業し、地元の建築設計事務所に十年間、勤めました。時はバブルということで、多くの物件に恵まれ、民間の仕事を主に設計監理を担当していました。十年間の前半は、わが国の奇術専門誌に私の創作奇術を発表していました。後半は独立を考えていたせいか、三十才前後に多くの本をむさぼり読んでいました。今、本棚をみてもその年代に読んだノウハウ本が100冊位はあります。そのころ読んでいた本を分類してみると、自己啓発、情報整理学、ライフワーク、時間管理などに集中しています。

実は、その中に『信念の魔術』『積極的考え方の原理』『人を動かす』というビジネス成功哲学書の本が数多くありました。当時、独立を前に無意識で購読していたようです。三十三才になって勤めていた設計事務所を退職し、自分の建築設計事務所を設立しました。

設立当時は個人でしたが、五年後に法人化しました。事務所設立後、歯科医院の仕事に恵まれ、五年間で六十件以上設計監理の実績ができました。

この頃、家相・方位などを気にする施主がいて、「ならばこの分野の世界を探究しよう」と仕事の合間をみてかなり没頭しました。もう病気の世界です。この頃、知的生産の技術、情報整理学、手帳学、文房具の分野にも興味を持ち、今でもまだ続いているので、書棚はその種の本で埋まっています。この現象も幼少の頃から興味があった手品・奇術の世界の延長だったようです。独立、三年後、七年後に新事務所を設立しました。この頃、世の中が世紀末に突入、当時、マスコミが騒ぎ出し、ノストラダムスの大予言ブーム到来となり、精神世界の分野が流行し、世の中が凄然としたのを覚えています。事務所独立十数年後の出来事です。

今から二十数年前、今と同様に世の中が不安定な頃、当時、問題意識を持った有志が集まって「近未来研究会」を発足しました。ノストラダムスブームだった頃です。私は幹事を担当していました。一時、会員が100名を超えました。当時、「船井幸雄研究所」主宰の船井幸雄先生が著書で紹介した先人を招待して講演する会でもありました。

医師である矢山利彦先生の矢山気功法もここで学ぶことができました。私は矢山先生とのご縁で見えない世界（精神世界）を学ぶ機会に恵まれました。会報『テレパス21』も9号までは発刊されました。今でもすべてのBNを所有していますが、当時の会報の内容はエネルギッシュなものでした。

私はこの会で当時「体感記シリーズ」として、奇術、占術、風水、精神世界に関するレポートを会報『テレパス21』に発表していました。今、思うと当時が懐かしく感じます。

実はこの頃、ジョセフ・マーフィの成功プログラムを受講している公務員の会員に出逢いました。私は以前から「成功哲学」に興味がありましたので、私の事務所に招待し、その教材を見せていただきました。まずその教材の入っている豪華なバッグに驚かされました。私があまりにも興味を示すので、彼は「しばらく置いていきますので視聴するなり、ダビングするなり教材を使って下さい」とのことでした。「必要ならば教材一式を差し上げます」と言われましたが、まさかいただくわけにはいかないので、しばらく借りていました。私は仕事の合間をみて、視聴したり、テキストをコピーしたり、テープをダビングしていました。一か月後、彼にお礼の品をお付けして教材を返却しました。その後、二十数年が経過し、当時私がコピーしたテキストは何処かにしまわれ、ダビングしたテープは天袋の一隅に置かれたままでした。その存在すらも忘れかけていました。

その後は、建築設計の合間に風水関係の講演会に講師として招待されたり、ラジオ高崎にて三年間「風水番組」にレギュラー出演したり、積水ハウスさんと家相風水相談会を100回も開催しました。「群馬の風水」「香港の風水」などの風水記事が雑誌に掲載されました。その後、建築と風水の集大成として、私の処女作『風水開運家づくり21』新版

（2005年4月・広報社）『風水からのメッセージ　人生・ビジネス・家づくり（想えば実現する）』（2014年12月・文芸社）が発刊されました。ですから本書は、私の三冊目の刊行になります。

販元さんから「成功哲学」というテーマの話をいただいた後、私の場が一瞬に変わりました。二十数年前に仕事の合間に熱中していた情報収集が走馬灯のように時空間を超越して点と点が線でつながり、そして立体となり、空間となりつつ動き始めました。

これがご縁で、最近「成功哲学」というフレーズをヤフオクで調べましたら、ポール・J・マイヤーの教材が出品されていました。思わず懐かしく感じました。よく見ると、おや？と思いました。肝心のテープがありません。出品されていたのは、何と教材のテキストとバッグのみだったのです。出品価格は千円でしたので、すぐに入札しました。数日後、私の元にポール・J・マイヤーの教材用のバッグとテキストが送られてきました。

バッグとテキストはきれいな状態でした。ちょっとカビ臭さがありました。これは風水的に良くありませんので、きちんと脱臭しました。その後、二十数年前にせっせとダビングしたテープがバッグにピタリと納まった時は快感でした。私の場合、こんなことが日常茶飯事に起こります。時空間は関係ありません。

その後、ヤフオクを覗いて見ましたら、数日後、ナポレオン・ヒルの教材が2つのセットで出品されました。当時は数十万円もすると思われる教材が2セットで二千円でした。これも軽い気持ちで入札しましたら、その値段で私の元に落札されました。驚きです。

一週間後、ナポレオン・ヒルの教材が未使用な状態で届きました。ただ、一つ気になったのは、未使用状態のため、ニュースレター用のファイルが空だったことです。

その時、おや?と思いました。実は数十年前、私がナポレオン・ヒルの教材の広告を見て、余りにも高価なので、ニュースレターのみを購読していた頃を思い出しました。早速、私の書庫に行き、探しましたら当時のファイルに綴じていたニュースレターが見つかりました。このニュースレター一式を送られてきたファイルに入れましたら、今回も教材一式がピタリと納まりました。時空間に金額も関係ありません。必要ならば手に入るということです。

私がここで何を言いたいかというと、今私に必要な教材が安価で入手できたということではなく、今まで私が所有していた教材の無いものが、今回入手した中にピタリと納まったという現実です。ここがポイントです。こんな偶然が一週間の間で二回起きたということは何を意味するのでしょう?　想えば実現するのです。

私なりに考えたことですが、成功本を書くにあたって、「このくらいのことは知っておけ！」という天からのメッセージのようです。私の提唱する「想えば実現する」のサンプルみたいなものです。その後、教材一式に目を通しましたが、すべて潜在意識に働きかけて、行動を促すというシステムです。これは他の成功哲学プログラムの教材にも共通しています。あと大事なのは毎日の習慣です。人生はこの連続性にあります。

さて、これからが問題なのです。それでは、これらの「成功プログラムを購入し、実践すれば成功する」と謳われていますが、実際はどうでしょうか？

ほとんどの人が「難しい！」と感じているのではないでしょうか。最近ネットで紹介されていたニュースですが、「成功プログラムを購入し、不幸になった」実例報告を目にしました。そこには、人によっては次から次へと同種の成功プログラムを購入し、成功せず、教材が高価のため借金地獄に陥り、貧乏になり、生活保護まで受けている現実が書かれていました。

この報告を読むと「成功哲学」以前の話になります。ならば、自分に与えられた仕事を一生懸命実践していた方が良い結果を生むはずです。

僭越《せんえつ》ながら、前著で私の提案した方法を実践していただいた方がより現実味があります。

天からのメッセージ

若い人のなかには、仕事について悩んでいる人も多いと思います。これは私の体験ですが、人間は一生の間に何度か超忙しく仕事が与えられる時があります。この時期こそが天から選ばれた使命の時なのです。天があなたを試す時、あなたが成長するための試練の時です。実はこの時が天からのメッセージで、チャンス到来といっても過言ではありません。

この期間が少々長く続くことがありますが、この時こそ愚痴もいわずすべてを捨てて無心に仕事に没頭することが大事です。時には先が見えず悩むことがありますが、ただただ前進することに集中です。自己形成の時だと思って下さい。

すぐ先には暁の明星が輝いています。そう考えると楽になりませんか？　さらにその先には「バラ色の人生」が待っています。人生とはこの過程の繰り返しに他なりません。これによって人間は成長・進化していくのです。この道こそが「宇宙法則」なのかもしれません。

前書にも書きましたが、今世の中は「引き寄せ法」がブームです。「宇宙銀行」の存在も公開されています。この現象も最近の世界共通の社会情勢の結果です。詳しく知りたい方は、この種の本が多数出版されていますので、興味がある方は読んでみる価値はあります。

今の社会の傾向というか、ビジネス界においてもスマートフォン等の普及により、文字情報が中心となり、人対人のコミュニケーション不足のように感じます。また、自分に任された無難な仕事はするが、後で自分に責任がくるような仕事は初めから拒否する人が多いようです。

「何事にも恐れないで挑戦する」という強い信念が将来の自分を創るのです。

ここで、今より収入を増やす方法を伝授します。今、働いている職場に貢献し、会社に儲けさせることです。結果、おのずとあなたに収入を増やすことができます。これも自然法則です。

セミナーに参加する

「ＴＨＥ実践会」（次世代ビジネス実践会）主宰の経営コンサルタントで大活躍している神田昌典先生がいます。なんといっても実績はすばらしいものです。本も多数出版されていますが、すべてベストセラーです。私も古くからの会員ですが、今後、ビジネス界で活躍したいと願うならあなたも是非「ＴＨＥ実践会」に入会し、実践会の教材を学ぶ価値は十分あると思われます。

前書『風水からのメッセージ　人生・ビジネス・家づくり』の中で、神田昌典の「今月の実践大賞」として、私の「浜名湖花博／風水の庭」が紹介されたことを書きましたが、そこで引用した「神田昌典からの返信」の内容が凄いです。興味のある方は是非読んでみて下さい。

2015年に「THE実践会」主催の「ストーリー思考」セミナーに出席しました。私の参加理由は今後の事務所清算のカウントダウンにあたり、今後の「第三の人生」について、何かを模索し、何かを得たいと願ったからです。

「ストーリー思考」作成セミナーは、一年後の自分の物語を数人の仲間の橋梁《きょうりょう》を得ながら「フューチャー・マッピング」という技法を使って、チャートを作成するセミナーです。テーマは参加者各自が違います。

私のテーマは、「私の著書『風水からのメッセージ　人生・ビジネス・家づくり』をどのように展開させるか？」に絞り、チャートを作成しました。

次にそのチャートを掲載します。

ワークショップでは、最後のギフトボックスの中に一枚のカードが入っていました。こ

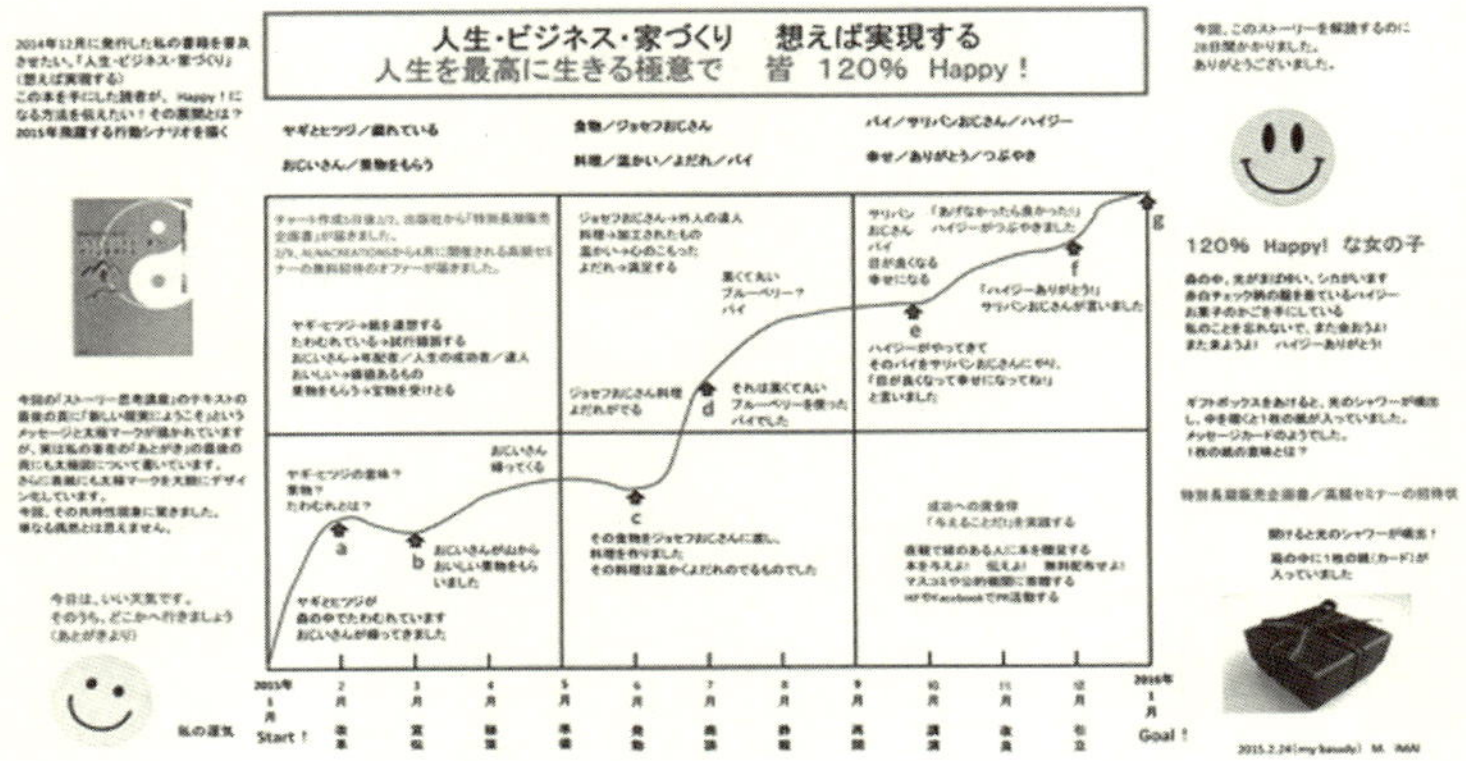

のカードの意味するメッセージは何だったのでしょう？　一ヵ月間位かけて分析しました。

　この報告書は「ＴＨＥ実践会」の会報十八号に記載されましたが、会場では神田先生が、「２０１５年９月頃、天からの使者が登場してくるのでは？」と読まれました。天からの使者とは？

　それは、出版社からのオファーでした。その結果、今回の本の刊行に繋がったのは、私自身予想外でした。この報告も本書の発刊後、「ＴＨＥ実践会」の会報に発表する予定です。

　人生とは「点と点で結ばれ、線となり、立体となり、ある日、想いは実現する」のです。原因と結果の世界です。宇宙法則を実感しました。

象の巻——シンボルに込められた魔力

シンボルがあなたを変える

天の巻では、「九星飛宮図」（後天定位盤）を紹介しました。各宮に九星が動くことにより、中心（太極）から八方位にエネルギーが生じます。

地の巻では、「風水図」（四神相応の地／五行の山）を紹介しました。風水の場としての地のパワーがあり、五行の山により、その地にエネルギーが生じます。場には凶地もあり吉地もあります。わが国の風土による土用の文化、軒下の空間、つなぎの空間として「結界の場」もあることを認識しました。

人の巻では、意識を変える方法や生活習慣を変える方法を紹介しました。「信念の魔術」というか、信念の力が潜在意識に作用し、行動に移すということも学びました。実はこの潜在意識こそ、「象の巻」の序曲なのです。

そして象の巻です。最終章として、「シンボルに込められた魔力」について、象のシンボルとして形の意味を知り、世の中の動きの見方やあなたが手にしたタリズマンが良き友となって加速し、あなたの想い（願望）を実現させる方法について解説します。

まずは、次の図をご覧下さい。この図は何を意味するか、わかりますか？

海に浮かんだ氷山の図があります。図でみると、氷山は水面に見えている部分より、水面下にある部分の方が多いのです。水面上に出ている氷山の一角が「意識」であり、水面下にある巨大な部分が「潜在意識」です。一般に私たちの心の構造を解説するのに使われる模式図で、この図のように、心は「潜在意識」に支配されているといえます。

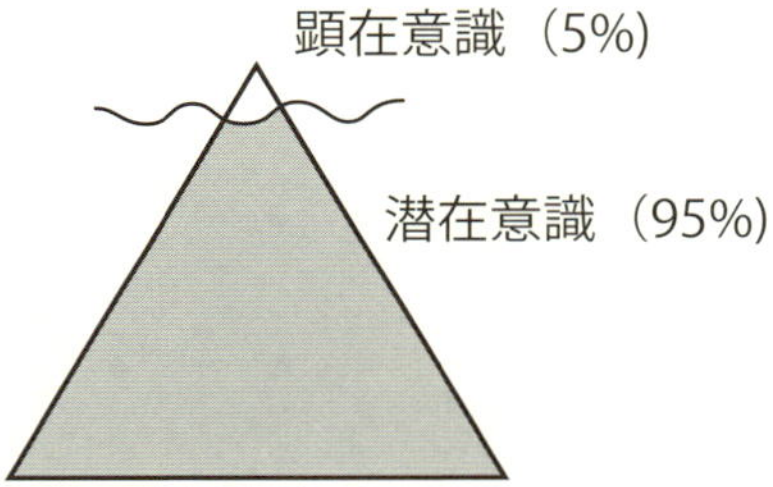

潜在意識を表わした氷山の図

それでは「象の巻」の入門として、頭を柔らかくするためにワークショップをしましょう。

次頁の図は「ゴッチャルドの図形」といわれ、三つの点と三つの行でできているので、箱または正方形のように見えます。この図を用いた「一筆書き」の問題です。

紙からペンを一度も離すことなく、すべての点を直線でつながなければならないという課題です。そして「直線の数が四本以上になってはいけない」というルールがあります。

早速、挑戦をしてみて下さい。ポイントは「点を箱の形だと思うと、この問題を解くことはできない」ということです。

ゴッチャルドの図

極意はこの問題が「枠組みにとらわれずに物事を考える」ということです。答えは巻末で掲げます。ヒントは傘の形です。

これから五枚の図を掲載します。

みなさんはもうすでにご存知かもしれませんが、新たにこの図をさまざまな角度から眺め、どうしてそのように見えるのか、よく考えてみて下さい。

ポイントは、ものの見方は視点を変えることによってずいぶん違って見えるということです。

・交代視／ルビンの壺
・老婆と娘
・ヘルマンの格子
・ネッカー・キューブ
・超立体（四次元空間）

一枚目は、イリュージョンの本に紹介される「交代視」と呼ばれ「花びんと人の顔が交互に見える」図です。目の動きによって反転図形になります。

二枚目は、「老婆と娘」の絵で目の視点をかえると、絵は「老婆」の顔にも、「娘」の顔にも見えます。

ルビンの壷（上図）
老婆と娘の絵（下図）

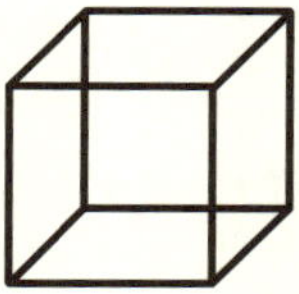
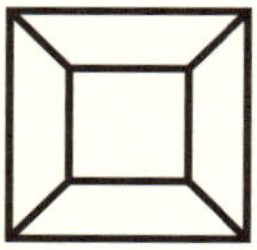
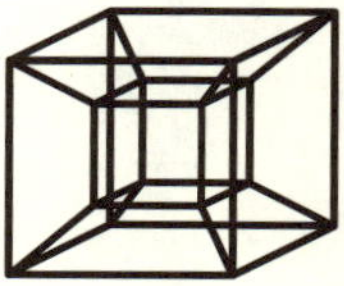

三枚目は「ヘルマンの格子」というもので、図の黒い正方形を見つめていると、白い交差した部分に黒い影が見えます。その交差した部分を直視すると黒い影が消えて他の交差した場所に移動してしまいます。まるでデジタルのような動きが生じます

四枚目は、「ネッカー・キューブ」と呼ばれ「異なった二つの立方体がかわるがわる見える」図です。シンプルな立方体ですが、反転するスピード感があります。

五枚目は超立体と呼ばれネッカー・キューブの中に立方体が現われ、空間（三次元）と時間（一次元）を合成し「四次元空間」を創造しています。

ここで私が本書を発刊するにあたり、ご縁あるあなたに何を伝えたいのかを告白します。

実は、私たちが住んでいる社会は、ここに掲げた五枚の

図のように「図と地」の関係のように構成されているのです。シンプルな図形でも見方によって複雑に見えるかもしれません。現実の社会では、五枚目の「四次元空間」のような構造となって存在しているのです。ということは、私たちは日常生活のなかで今の時点をどうとらえ、どう対処していくかが「人生を幸せに生きる」コツでもあるということなのです。

そんな見方ができるようになると、目に見える意味がわかり、世の中を多角的に見えるようになり、どうしたら良いかがわかるようになるのです。すると、「自分を自由に演出できる」ようになります。

このコツがつかめれば、すばらしい人生が見えてきます。素敵！　とは思いませんか？

それでは、この心象の世界に入っていきましょう。

この象の巻ではこの辺りを探究しながら進めていきます。そこで到達する世界とは？

ワクワクしませんか？

実はこの「ワクワク感」が人生を活性化し、あなたを進化させるのです。

その結果……。

それでは、今まで各巻から紹介した内容から形のエネルギーをこの章でまとめてみます。

そして、色の話をします。そのなかから「自分自身のためのタリズマンとなるシンボル」を見つけることにしましょう。

まずは、図形のエネルギーについてです。

図形のエネルギー

この世には多くの形があります。図形（二次元）や形（三次元）にはエネルギーが宿り、パワーとなって放射されています。ここに基本形を図で示してみます。

次に掲げる図形にはそれぞれエネルギーがあり、図形はシンプルですが、国の力を表わす国家の象徴にもなっています。今回、図形を整理するにあたって、改めて図形のパワーを再発見しました。と同時に各国のシンボルである国旗の図形の色も、実際、その国のエネルギー・パワーを表現しています。

これは、企業にもいえることで、各社のシンボルマークであるロゴも同じです。その会社が持つパワーを社会に訴えているということになります。シンボルとはエネルギーであり、パワーなのです。

それではあなた自身のシンボル探しの旅に出かけます。

【基本形】

まず、基本となる四つの図形を掲げます。

・　点（無極）
○　丸（有極）
△　三角
□　四角

まず、「・点」の存在です。無極といってもよいでしょう。どんな形も突き詰めていくと点になります。ここが大事な所です。

「・点」は、図形の頂点です。点にはエネルギーがあります。点が広がると丸（円）の形となり、有極になります。日本の国旗に代表されます。

「○丸」に陰陽が入りますと「太極・陰陽の図」となり、韓国の国旗に代表されます。「△三角形」は、飛躍の形になります。「□四角形」は、安定の形になります。

では、点のパワーをお目にかけます。

「○丸」の中心に点を入れると円錐形や宝珠形になります。二次元の図形が三次元の図形になり、エネルギーが頂点から入ってきます。

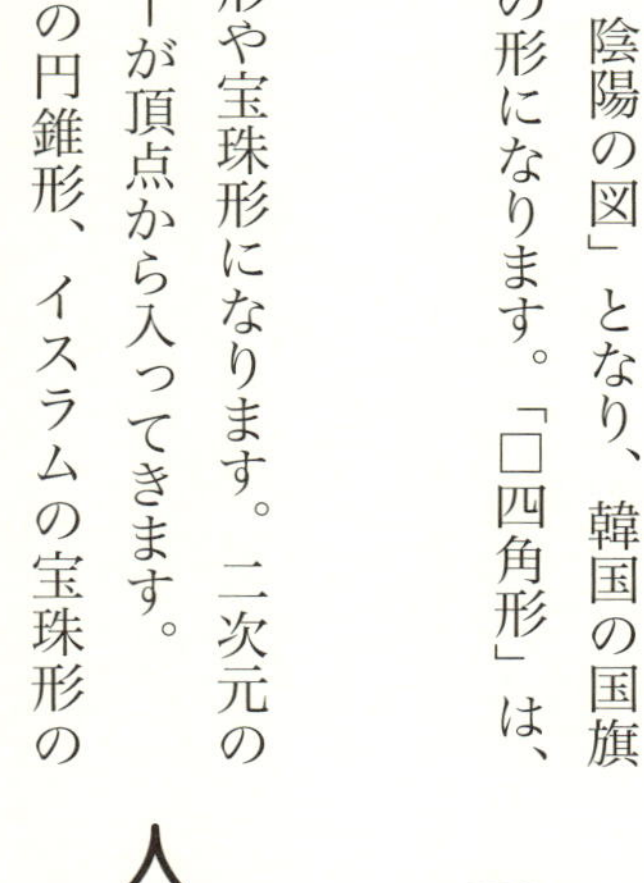

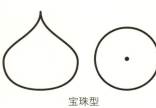

宝珠型

銀閣寺庭園の円錐形、イスラムの宝珠形のドームの屋根に代表されます。

上の写真は銀閣寺の「向月台《こうげつだい》」（円錐の形状）です。

「銀閣」のやや北寄りの東側に、白砂を敷きつめ表面に縞模様をつけた「銀沙灘《ぎんしゃだん》」が広がっており、その隅、銀閣寄りのところに白砂を円錐状に盛り上げ、頂部を水平にした富士山状の「向月台」があります。「月夜の晩には白砂に月影がほのかに映えて美しい」といわれていますが、現在のような形になったのは江戸後期になってからとのことです。

あえてキャップストーンを斬り落とした宇宙エネルギーの集積装置だったのかもしれません。あくまで私の夢の仮説ですが。

「△三角形」の中心に点を入れると、三角錐の形になります。二次元の図形が三次元の図形になり、エネルギーが頂点から入ってきます。

「□四角形」の中心に点を入れると、四角錐の形になります。二次元の図形が三次元の図形になり、エネルギーが頂点から入ってきます。ピラミッド・パワー然りです。

ピラミッドの図形と尺度

ピラミッドの形状も高等幾何学から生まれた産物で、その形状は究極の立体である正多面体を基本要素にしています。一定の比率と角度の構造になって建造されています。

ここにピラミッド・パワーがブームになる前からこの分野の研究を続けていたクリストファ・ヒルズ博士著の『キャップストーンからの光』の論文があります。

それまではピラミッドの頂点から下方へある種のエネルギーが流れていることは、多くの人たちによって証明されていました。博士の論文ではピラミッドの上方に向かうエネルギーと、左らせん上に下方に向かうエネルギーを放射させるのは、三次元のピラミッドの

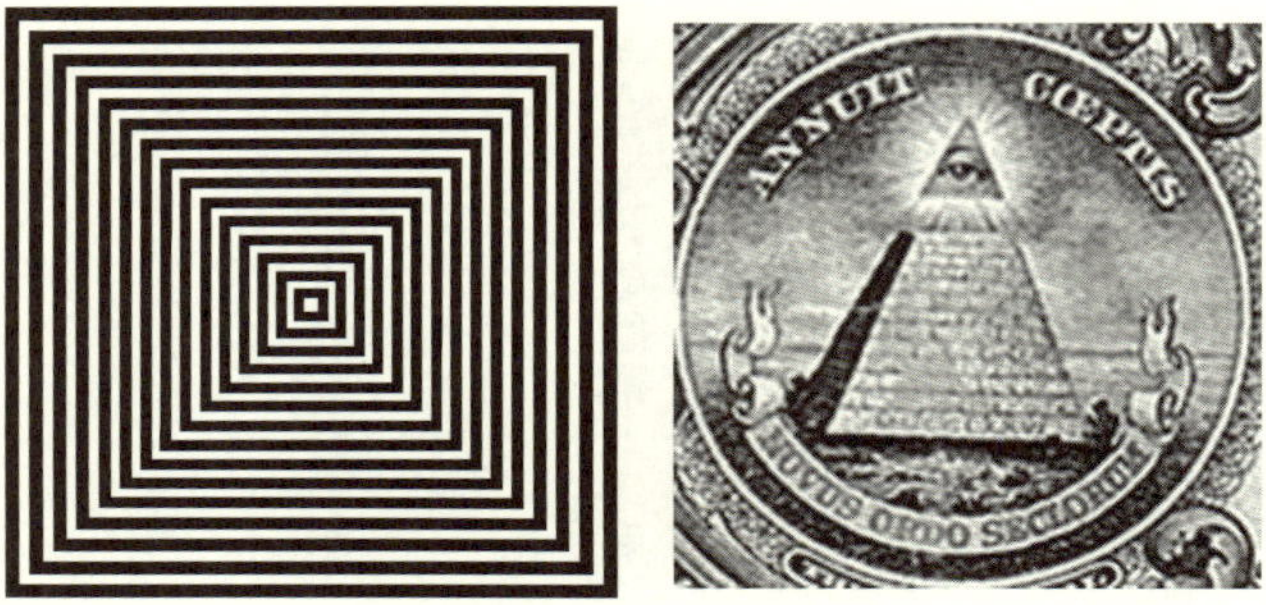

著点から見たピラミッド図と１ドル紙幣の裏面に描かれたピラミッド

形ではなく、頂点から見たピラミッドの図ということでした。上図（左）はピラミッドを真上からみた図です。この図をよく見ていると地上から地下に降りていくような錯覚にもなります。

この図の中心にある穴の下に磁石を置くと、この図の頂点から微妙な生物物理学的エネルギーが流れてきます。この論文の中で博士は（パイレイ・オルゴン集積器）を発表しています。このピラミッドの形状を取り入れた「パイレイ・コファー」は商標登録され、わが国でもＭＭメイトから発売されていました。私も当時興味があり入手していました。

ここで驚かされたのは「三次元のピラミッドの形ではなく、頂点から見たピラミッドの図」の一文でした。こんな世界もあるのだと私の潜在意識に組み込まれました。

しかし、ピラミッドの存在は確かな宇宙法則に従った

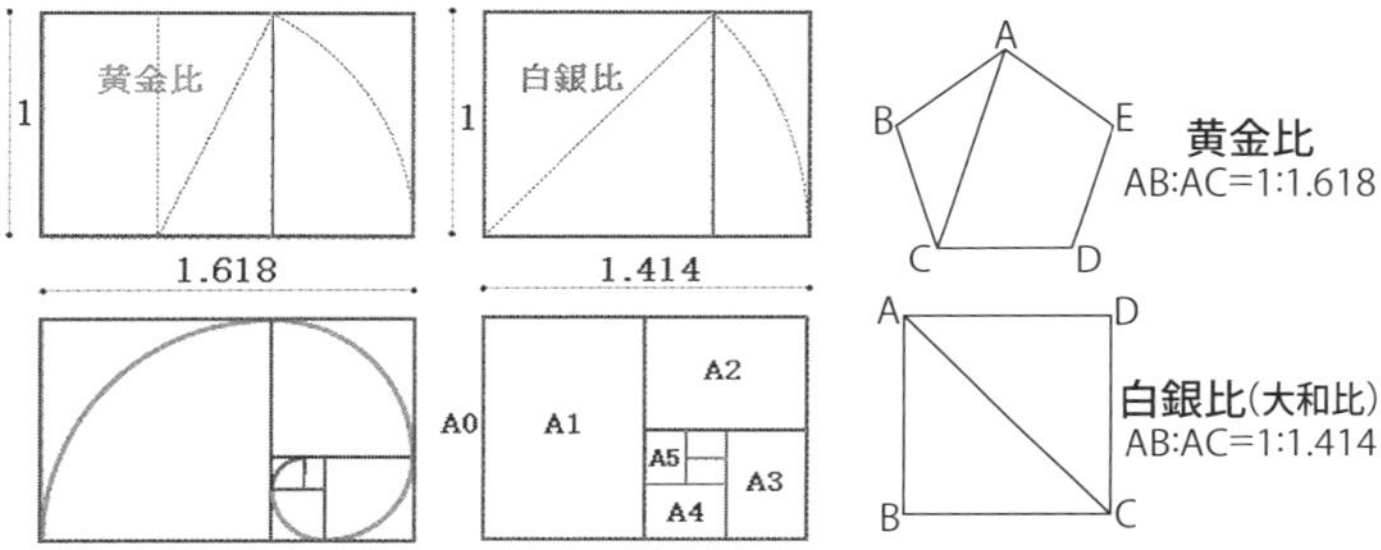

比率で構成されているというのも事実です。だからそれらの形状にはパワーが入るということです。

米国の一ドル紙幣の裏に印刷されているピラミッドの図形の「キャップストーンからの光」に類似性を感じます。

黄金比と白銀比

自然界のすべての安定した図形は、ある一定のスケールから創られています。バランスのとれた美しい形ほどエネルギーが宿ります。共通するのは「形は一定の黄金比や白銀比（大和比ともいう）で構成されています。だから美しいし、美しいからこそエネルギーが宿る」のです。この理論は自然法則、宇宙法則なのです。

黄金比とは、1：1.618で、ここで取り上げたピラミッドやパルテノン神殿やミロのヴィーナスなど西洋芸術作品に多用されている比率です。一方、白銀比は1：1.414で、

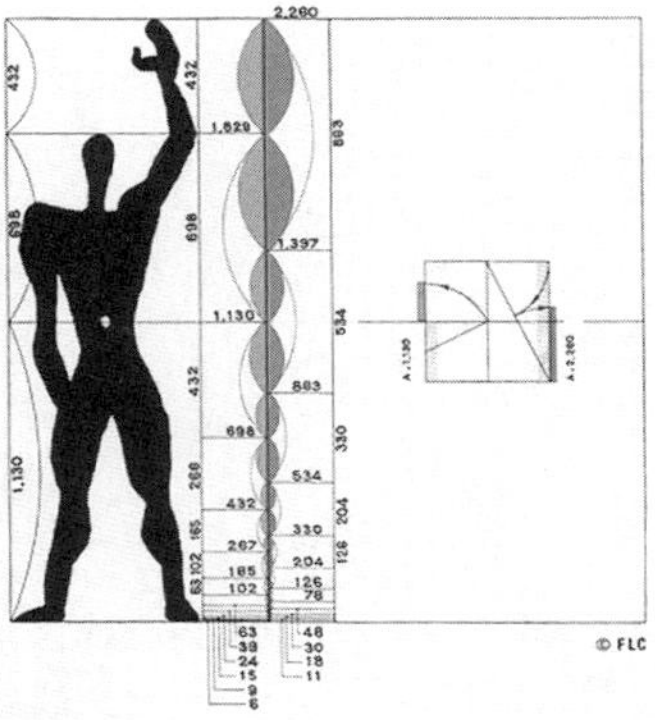

ル・コルビジェの「モジュロール」

日本人の身近なところではA判の用紙や風呂敷のサイズがそれで、法隆寺や「見返り美人図」などの日本の伝統芸術に用いられる比率です。

建築の分野で、近代の三大巨匠と呼ばれた一人、フランスの建築家ル・コルビジェの提案した「モジュロール」理論は、人体の比率を基準にヒューマン・スケールが構成されています。私も２０１５年、仕事仲間と共にマルセイユに建つル・コルビジェの設計の「ユニテ・ダビタシオン」を訪れた時、実際その建物の中に入り肌で感じました。ル・コルビジェが提唱したヒューマン・スケールの単位はわが国の尺貫法に近いものでした。

インドの宮殿建築には、天空からドーム屋根を通して宇宙のエネルギーを取り入れ、入口を東方向にむけ、太陽の自然エネルギーを自然界から取り入れる配慮をしています。そして、そのエネルギーを外部に放射して、周囲を活性化しています。空間の力学を取り入れて活用しています。

インドのマンダラ図

次のA図は、寺院礼拝の力学を表わしていて、外部から来る人たちが聖室に歩み寄ると、その周囲を時計まわりに回旋するエネルギーの流れにそって移動していきます。B図は、聖室の中心から外部に向けての発散を表わしています。正室に祀られた神の副次的な像が、これらのエネルギー線に沿って配されています。

ちなみにC図は、インド風水によく紹介されているマンダラ図ですが、日本でいう北東の鬼門の位置がシュバ神の頭の位置なのです。

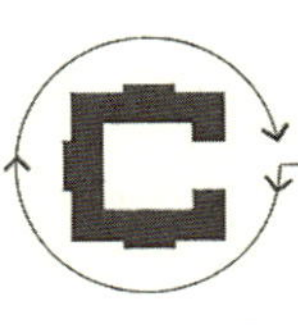

A図

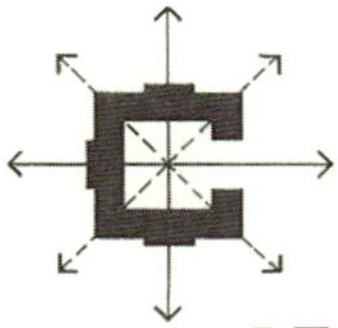

B図

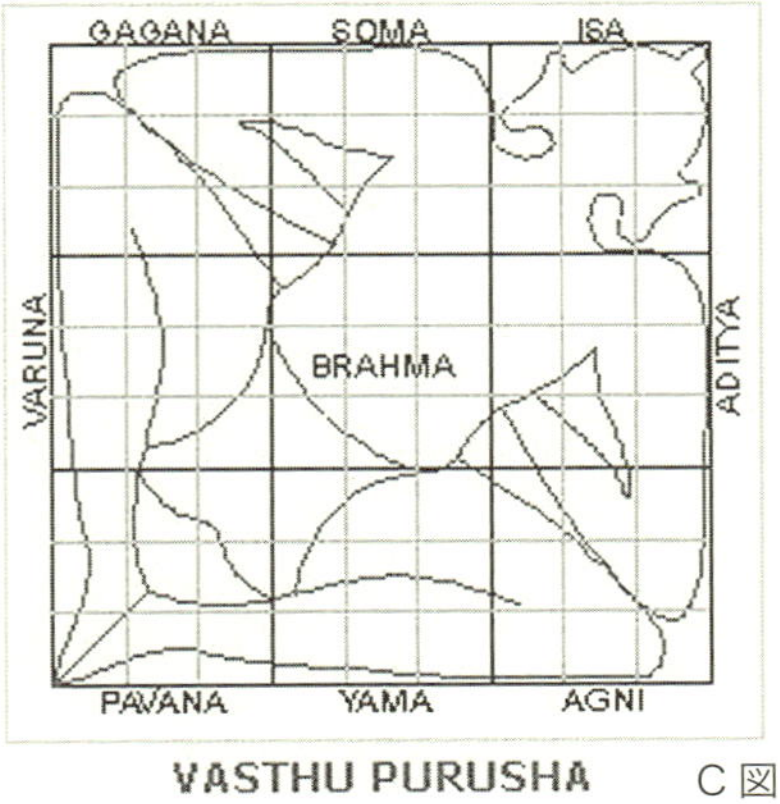

C図

ここが重要です。ちなみに鬼門の位置は、中国の八門遁甲《はちもんとんこう》「休門、生門、傷門、杜門、景門、死門、驚門、開門」では、生門の位置で、〃起死回生〃を意味します。私たちは鬼門の位置と意味を認識して生きるべきなのです。

それには、あなた自身の直感で鬼門を解釈して、経験的にそれを活かしていくことです。

東京スカイツリーの外観と平面図形

敷地の形状により、構造的には底部では正三角形の断面が上部にいくにしたがってだんだんと円形に変化しています。このため、タワーの形は見る角度によって、反っているように見えたり、逆にふくらんで見えたりします。この反った部分が「反り」、ふくらんだ部分が「ムクリ」に見えます。これらのカーブは、日本の建築では屋根の曲線や柱の形などさまざまな所に取り入れられています。その平面はいたってシンプルな図形になっています。

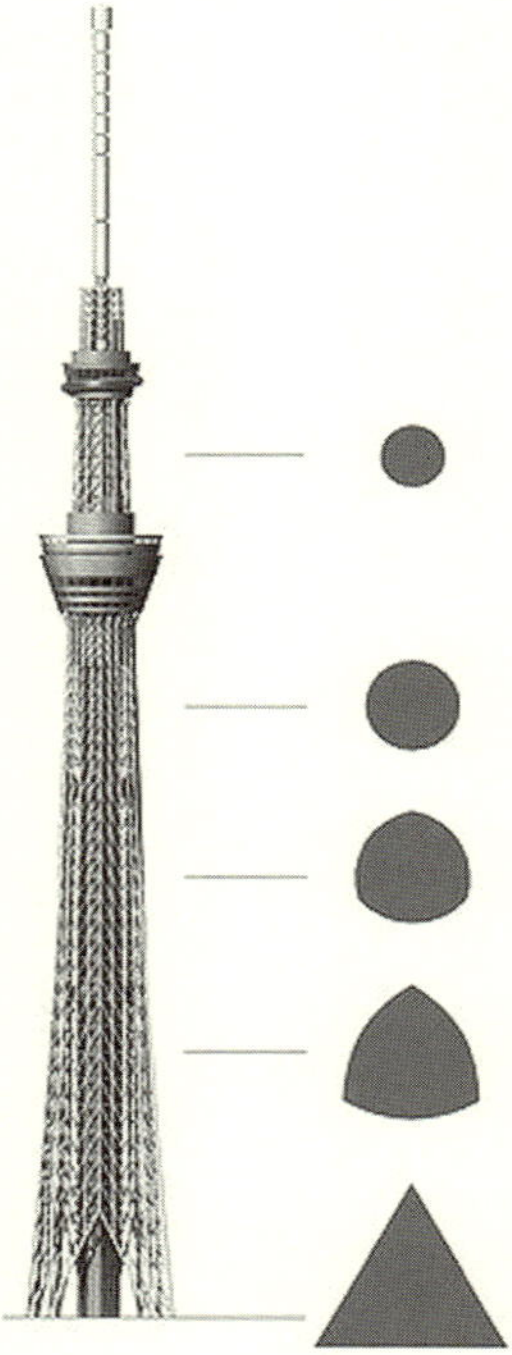

東京スカイツリー／外観

東京スカイツリー／平面図

さらに他の図形を見ていきましょう。
身近なパワー図形として、五芒星や六芒星が有名です。

五芒星と六芒星

五芒星というのは、一筆書きできる五線星型（ペンタグラム）で、古今東西の数ある魔術のシンボルの中でも最も知られているシンボルです。四方位である東・西・南・北を風・水・火・地、中心としては精霊（空）を表現しています。

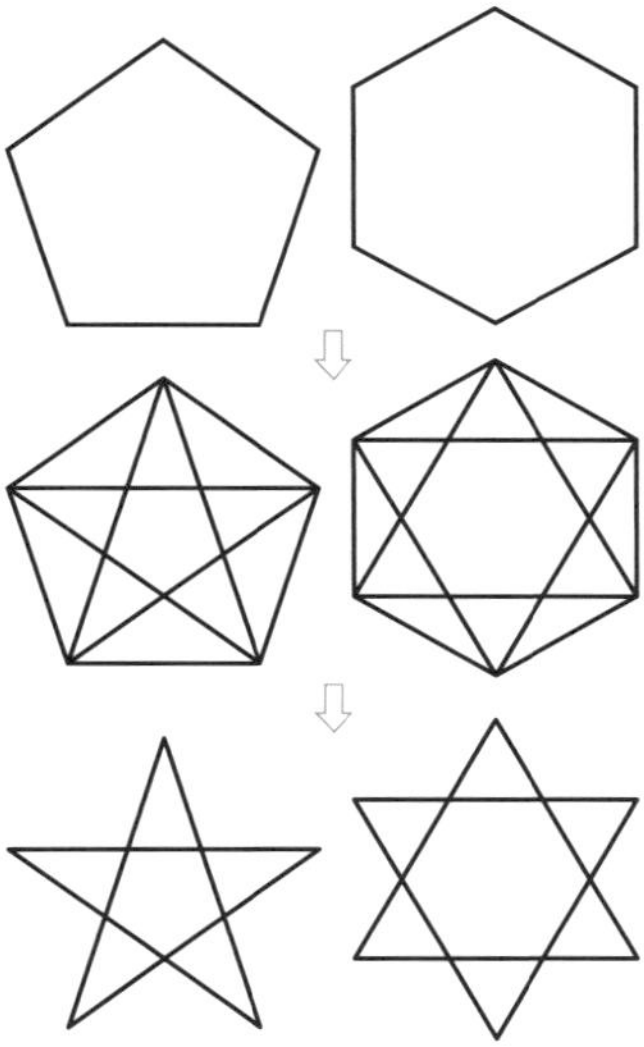

五芒星
ソロモンの星
晴明桔梗

六芒星
ダビデの星
カゴメ

この五芒星のシンボルを使った瞑想法や儀式などは古今東西、さまざまな民俗によって用いられています。よく知られるところですと、道教などの鬼道や陰陽道に由来するシンボルでもあります。西洋では魔術的な儀式で使用されることもあり、上下を逆さにすると悪魔の象徴デビルスターと呼ばれます。日本では陰陽道の安倍晴明の晴明印がこれで、五行の象徴として五芒星の紋を用いています。函館の五稜郭も五芒星です。「悪を退け、正義を貫き、幸運を呼ぶ」とされる吉祥の象徴として知られています。

六芒星（ヘキサグラム）は、上向きの正三角形△と下向きの正三角形▽で構成されていて、二つの三角は天と地、男女、陰陽をあらわしていると言われています。ユダヤ教の旧約聖書に出てくるダビデの星として有名で、イスラエルの国旗に描かれています。日本では籠目紋《かごめもん》ともいい、伊勢神宮の石灯籠にも刻印されています。意味深長です。

現代では、一時期ブームになった「ヒランヤの図形」が六芒星です。その効果は驚くもので、多くの体験例が報告されています。

実は、私もヒランヤマニアであり、その魅力にはまり、多くのヒランヤグッズを収集しています。ヒランヤの素材や色、デザインに魅了され、ヒランヤに触れたり、部屋に飾ったり楽しんでいますが、ほのぼのとした雰囲気が感じられ、なぜか心が和みます。

一説によると、ピラミッド・パワーは物理的効果が強く働き、ヒランヤ・パワーは精神的効果が強く働くと言われています。

本書を執筆中、六芒星のシンボルを調べているうちにある仮説が生じました。

十二支の三合理論です。私の最初の著作『風水開運家づくり21』でも紹介しましたが、実はこの十二支の三合理論は「時空間を超越する」という東洋の英知でもあります。かなり活用法があるので、本章では詳しく解説することにしました。

三合理論と三合会局図

三合とは、３つの地支（十二支）の組み合わせをいい、その地支を入れて五つ目の地支をいいます。正中線の地支（子、卯、午、酉）を「旺《おう》」（帝王《ていおう》）、五つ前の地支を「生」（長生《ちょうせい》）、五つ後の地支を「墓《ぼ》」（墓）といいます。ここに「三合会局」という原理が生まれ、象意は大吉です。

上記に図形を掲げます。なぜか六芒星のシンボルと一致します。ということはこの図形にはパワーがあるということになります。

「旺」は成長・生育を意味します。「生」は柱・幹を意味します。「墓」は土台・根を意味します。

三合会局図

・「**子の三合**」を「**水局三合**」といい、子は旺、申は生、辰は墓です。五行で解説すると、「子の水は、申の金に生じ、辰の土に墓す」と解き、交際・内職面での成功、隠れた面での吉運、助力などの点で吉象が現われます。子孫繁栄・情愛運・健康運に恵まれます。

・「**卯の三合**」を「**木局三合**」といい、卯は旺、亥は生、未は墓です。五行で解説すると、「卯の木は、亥の水に生じ、未の土に墓す」と解き、仕事の伸展・才能の開発、新規の事業などの点で吉象が現われます。音楽・スポーツなどの芸術運に恵まれます。

・「**午の三合**」を「**火局三合**」といい、午は旺、寅は生、戌は墓です。五行で解説すると、「午の火は、寅の木に生じ、戌の土に墓す」と解き、名誉・地位の向上、才能発揮などの点で吉象が現われます。名誉・昇進・知能向上に恵まれます。

・「**酉の三合**」を「**金局三合**」といい、酉は旺、巳は生、丑は墓です。五行で解説すると、「酉の金は、巳の火に生じ、丑の土に墓す」と解き、金銭問題・物質面、家庭運などの点で吉象が現われます。物質運・財産運・金運に恵まれます。

この「三合会局理論」は、わが国の気学の分野で「三合詣り」という吉象で、「三合詣り」とは月と日の地支（十二支）と方位を組み合わせた開運法ですが、詳しくは別の機会に譲ります。

この象の巻では、この「三合会局」の水局・木局・火局・金局の三合図形をすべて重ね、中央に点を入れることにより、「三合会局図形」が完成されます。

今までが基本図形ですが、ここからは数字の持つ意味とシンボルについて紹介します。七は、自然界のエネルギーは7のリズムで進化しています。人体細胞と同化しています。7日、14日、21日、28日、35日、42日、49日、56日、63日、70日です。各数字を調べてみるとわかると思います。七曜（日、月、火、水、木、金、土）のサイクルも同じです。七音（ド・レ・ミ・ファ・ソ・ラ・シ・ド）も然りです。七色のレインボーカラーや七つのチャクラもあります。七福神の姿もパワーの源です。恵比寿、大黒に代表されます。「ラッキーセブン」の凄さを感じます。

八は、八卦《はっか》が有名です。「乾・兌・離・震・巽・坎・艮・坤」として、易の卦に代表されます。八陣の兵法があります。建造物では八角堂があります。共にエネルギーの源です。

次の図は易の八卦と八卦象意表です。八卦にはそれぞれ象意があり、8×8の組み合わせで64通りの象意があります。宇宙法則のすべてがすでにストックされています。

易の八卦と象意表

坤《こん》	艮《ごん》	坎《かん》	巽《そん》	震《しん》	離《り》	兌《だ》	乾《けん》	
地	山	水	風	雷	火	沢	天	自然
母	少男	中男	長女	長男	中女	少女	父	人間
従順	止る	陥る	入る	動く	付着	悦ぶ	剛健	性質
西南	東北	北	東南	東	南	西	西北	方位
牛	犬	豚	鶏	竜	雉	羊	馬	動物
腹	手	耳	股	足	目	口	首	身体

九字《くじ》護身法

「九字護身法」は、日本の密教から民間に漏れ伝わった呪術の一つとされています。江戸時代から「お九字を切る」「九字切り」と呼ばれ、魔を払い、その場を清め、結界を張る効果があるとされています。

右手の人差し指と中指を刀に見立てて延ばし（手刀印）、それで図のような順番で空間を斬り裂いていきます。そのとき、「臨《りん》・兵《ぴょう》・闘《とう》・者《しゃ》・皆《かい》・陣《じん》・列《れつ》・在《ざい》・前《ぜん》」と唱え、護身に役立てるのです。

あなたも己の身の危険を感じた時、九字を唱えて、手刀印で九字を斬ってみて下さい。その斬り口が図のように残像として残ると、その効果は明らかに発揮されます。

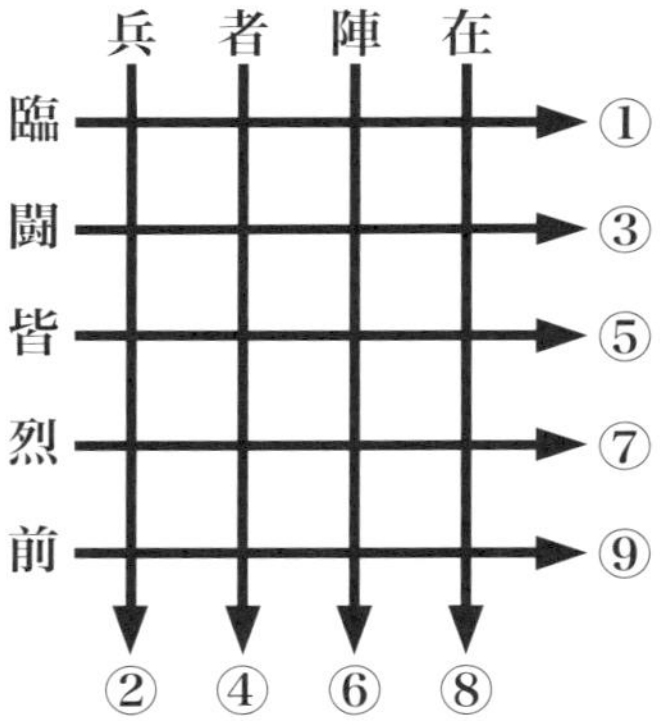

九星の「後天定位盤」

中国では「八卦盤」が魔除けとしてよく使用されますが、「後天定位盤」も一つの魔除けのシンボルです。

「後天定位盤」は、桝目の数字を縦、横、斜めと、いずれの桝目の合計も15になることから、世界的にも「魔方陣」として知られ、数学的魅力からさらなる魔方陣が創り出されています（天の巻を参照）。

この「後天定位盤」の西・中央・東の数字は七・五・三になります。前書にも書きましたが、この数字こそ宇宙の基本形なのかもしれません。安定している図です。

ここから、一定の法則で数字が飛宮を始めると、各宮にエネルギーが生じ、基本形が崩れ、さまざまな事象が起きるようです。

そして最後に到達する究極図形は「∞：無限大」の図形です。永遠に繰り返すという記号です。ということで、私のパワーシールにも「0と∞」を合体させた図形があります。

イスラム教のシンボルマークは、月と星を組み合わせたもので、アラー神の力を表現しています。このように各国の国旗は各国がシンボル化され、国の文化を象徴しています。

今まで、掲げた各シンボルを複合化することで、エネルギーはさらに増大します。図形にはエネルギーがあり、三次元になるとパワーがさらに加速します。形ばかりでなく、色もまた、エネルギーに影響を及ぼします。

ちなみに五芒星の形と六芒星の形を合体すると、サッカーボールの縫い目の形に生まれ変わります。五芒星と六芒星の図形の、それぞれの頂点を結ぶと、五角形と六角形の図形が完成します。サッカーボールは正二十面体の切頂《せっちょう》形であって、正五角形が12枚、正六角形が20枚の合計32枚の面で構成されています。この種の形は「バッキーボール」といわれ、宇宙生命によって創造された地球の形でもあります。

この形を使うことで、生命エネルギーを活用することができます。

そういえば、風水ツールの「化殺」アイテムとして「クリスタルボール」がよく使われますが、その所以なのかもしれません。

十字について

十字は、キリスト教の十字架に代表される図形です。永遠のパワーを持ちます。十字にも「ギリシャ十字形」と「ローマ十字形」があります。スイスの国旗にも使われています。口に十で「**叶う**」という字になりますが、何かを感じませんか?

「願望を唱えながら十字を切る」という発想は、私の直感です。

十字の変形図として卍の図があります。右回りと左周りがあり、右周りは吉、左周りは凶(台風の動き)です。ヒンズー教で使われていた吉祥印が元とされています。それが中国に渡り、日本では仏教のシンボルになりました。また、ドイツ・ナチスのシンボルとして「ハーケンクロイツ」があります。

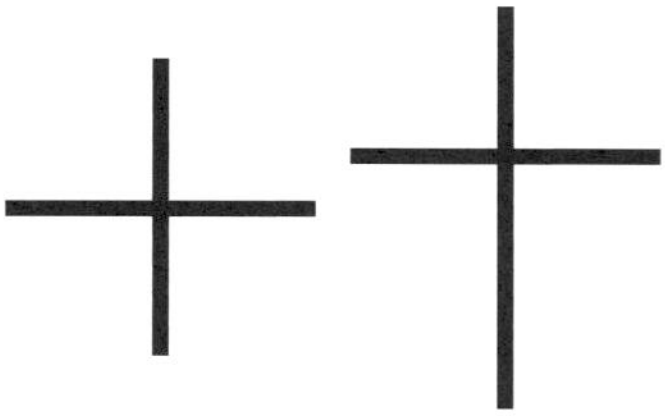

ギリシャ十字　ローマ十字

また、十と一を合成すると土という字になります。と考えると、この字も意味深です。簡単にいえば、土には十を超えるパワーがあることになります。五行でも土の事象は意味深く、万物を育む象があります。

ちなみに、口に土で「**吐く**」という字になりますが。「吐く」

という行為は宇宙エネルギーを「吸う」ということになります。気功法の基本です。基本とは奥義ということです。

気と法具

宇宙から気を取り込む法としてヨガや気功法があります。

私も風水に出逢って研究を重ねていた頃、医師の矢山利彦先生が主宰する気功を学び始めました。そして、「密教法具を使った気功法」に出逢いました。

矢山先生の気功法は、仏具（独鈷杵《とっこしょ》・三鈷杵・五鈷杵・宝珠杵）を駆使し、仏具から気の取り入れる方法です。私は、その奥義を伝授されましたが、そのときに素材と形のエネルギーを体感しました。

大まかにいうと、空中にある気は、らせん状の気になって、天界から人体の頭に入ってくる感じです。独鈷杵、三鈷杵。五鈷杵の順でエネルギーの強さが増してきます。宝珠杵はエネルギーがまろやかに感じられます。

次の図形は私の最初の著書『風水開運家づくり21』でも紹介した「望気盤」です。

この図形は中国の風水書に掲載されたものですが、リラックスした状態でこの図形を眺

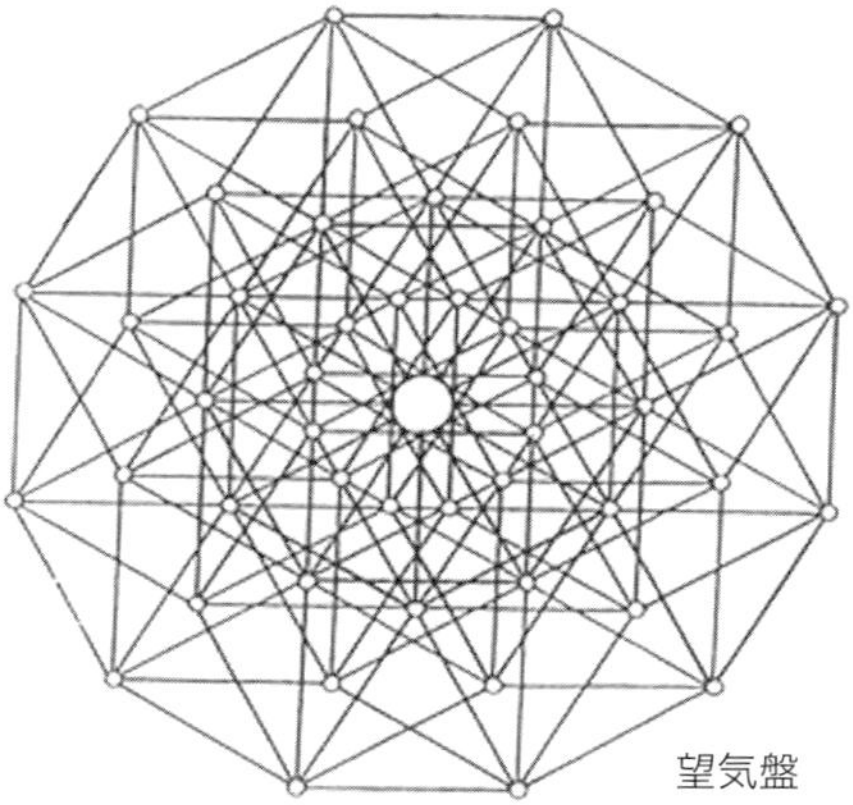
望気盤

めているると気が見えるようになると紹介されていました。阿字観の瞑想法に似たところがあるのかもしれません。興味のある方は試してみて下さい。

この「望気盤」は読者の反応も多く、ある読者がパソコンを駆使し、この図形を回転させるソフトを開発し、私に贈呈してくれました。この図形が３６０度ゆっくり回転するのです。とても感動しました。世の中には凄い人がいるものです。「望気盤」を身近に感じることができます。

さて、いよいよ私のオリジナルの〝形〟を紹介します。

私が二十数年前、精神世界を探究していた頃に考えた「タオシール」を公開します。この図形は、矢山気功法に没頭していた頃、自分の気を宇宙に飛ばし、その宇宙から地球を見た図形です。地球が太極図になっていて、地球を取り巻く惑星の軌跡が六芒星となって太極である地球の周りを廻っているパワー図形です。

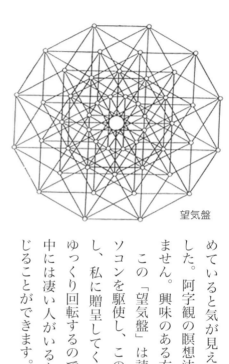

その当時、金色と銀色の二種類のシールを制作しました。金色は肉体に、銀色は精神に働くように考えました。タイミングよく、「VTTテスト」をしていただく機会に恵まれました。すると、私が考えたのと同じように金色シールは肉体に、銀色シールは精神的に働くことが実証されました。レベルとして上位に入っているので安心しました。

シールの活用法としては、ホカロンと同じように、シールを裏紙から剥がした瞬間にスイッチが「オン」します。後はそのシールを貼る時に、貼る人の想い（想念）を入れると、プラスの方向に働きます。金色は肉体に、銀色は精神に働きかけます。効果については「Oリングテスト」などで誰でも確認できます。

活用法としてお勧めしたいのは、免許書や名刺の裏に貼って安全祈願用に使ったり、腕時計の裏に陰陽の銀と金のシールを重ねて貼って使用する方法です。体験的に効果がありました。部屋の四隅に貼ると結界ができ、部屋の中が浄化されるので落ち着いて就寝できます。しかし、シールという性格上、図形が消えた場合はその時点でエネルギー効果も消滅します。

発展系として金属板で二種類の図形プレートを制作してみました。金色図形は真鍮板に、銀色図形はステンレス板に彫ってみました。やはり手ごたえがありました。このプレートの上にタバコを置くとニコチンが瞬間になくなり、コーヒーなどの飲み物を置くと味がまろやかに変化します。

このプレートは、今でも事務所の応接室に飾っています。一対で場の浄化としての効果があります。

「シンボルには人を引き付けるパワーがある」のです。国旗や会社のロゴなどにはパワーがあり人を引きつけることからもわかります。つまり、私たちの住む社会には目には見えませんが、多くの気のパワーが存在し、私たちは日常的にそのエネルギーを受けて生活していることになります。建築や乗り物は三次元の世界を、飛行機などは四次元の世界を創造しているのです。

私も建築家としてもちろん図形に興味があり、ロゴ、サイン、マークを創造するのが好きで、直感の力を借りて今までに多くのロゴ、サイン、マークを考え、実際活用していますす。ここで実例として、今現実に使っているシンボルを公開してみます。

シンボル実例

a、（株）イマイ建築設計事務所のロゴは、ヘルマンの格子と九星盤が基本構成

b、i&iライフビジネス研究会のロゴマーク（陰陽・五行・九星が基本／２００４年作成）

c、「タオシール」は、宇宙から見た地球太極／金色と銀色の二種類があります

d、私の花押は九星理論に基づいて制作されました。「雅」の漢字が基本形です。

「天に星、地に花、人に愛」は書家・金田石城先生から贈られた為書でパワー全開です。

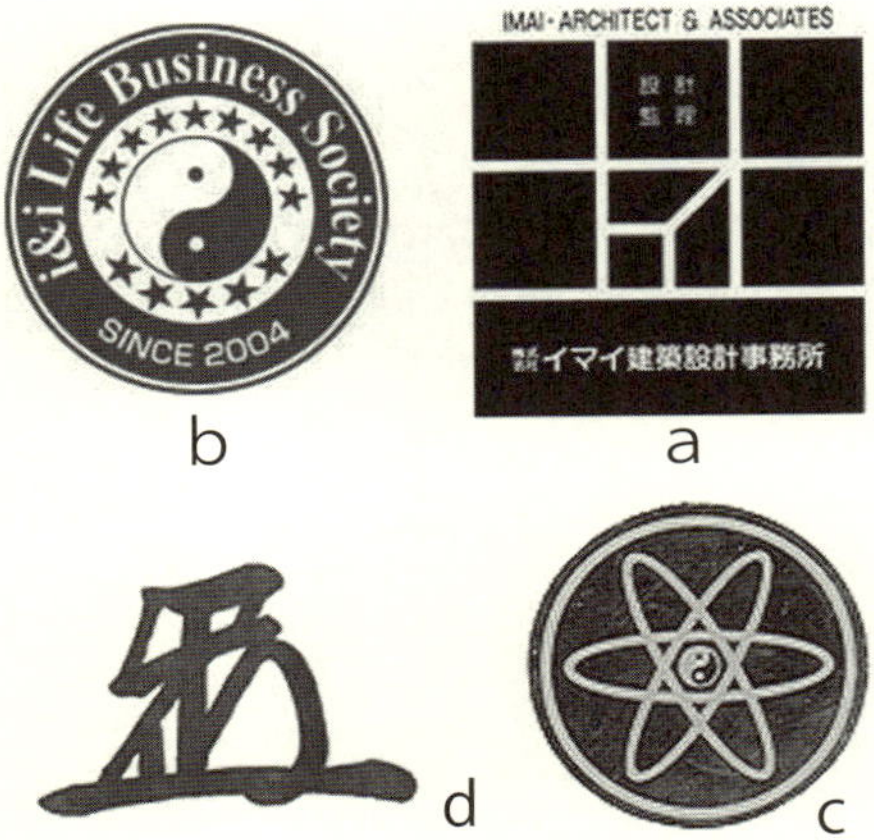

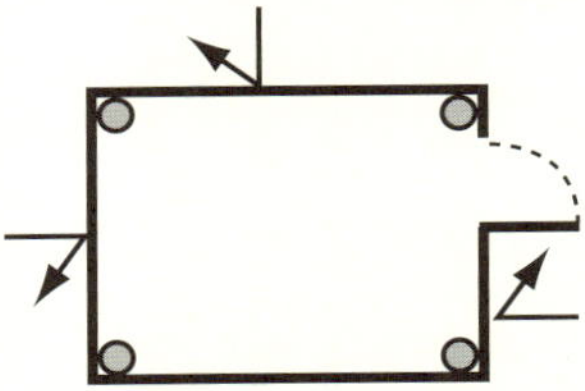

部屋の四隅にシールを貼って結界を作る

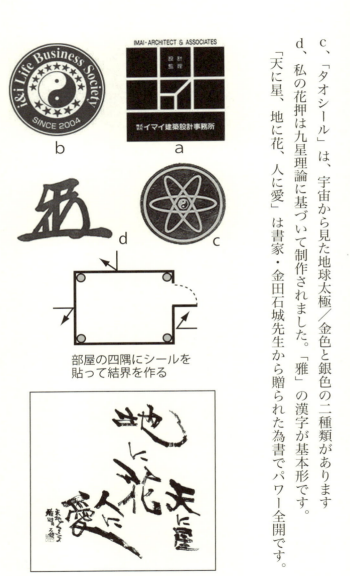

あなたの運を高めるタリズマン

世の中を複眼で見ると、私たちの生活する日常では、エネルギー／パワーの発するものの中で生活しているのです。書画には制作者のパワーが入ります。映画や音響なども然りです。ですからパワーのある作品は人を魅了するのです。

今まで、各巻で「人生を快適に生きる」方法をいろいろと提案してきました。

この象の巻では、あなたのタリズマンを味方にして生きる極意を紹介します。

タリズマンとは、その物自体が強い超自然的パワーを持っているがゆえに、身に付けたり、手元に置くことで魔を払い、災いを避け、幸運を招いてくれる品物のことをいいます。

チャクラとタリズマン

ここで石をタリズマンとして活用する方法を紹介しましょう。

石は土からの産物です。地のパワーの結晶です。

まずは「チャクラ・ストーン」をタリズマンとすることです。この「チャクラ・ストーン」は七色あります。この色はレインボーカラーと対応しています。

まずは、この七色の石を入手するのがいいのです。七色の石はストーン・ショップなどで割と安価に袋に入って売られています。安価のもので構いません。気軽に気に入ったものを購入しましょう。

さて、人間には「チャクラ」という人体エネルギーの集中する箇所が七つあります。風水の色に対応していて、まるで人体のツボに相当します。その七つのチャクラにはそれぞれに対応する色があります。

ヨガなどをやっている方はご存知かと思いますが、インドの占いの中で『ジョーティシュ』という占いがありますが、その占いにより各人に対応した宝石を使うことによってさまざまなヒーリング効果を得られるといわれています。

よくインドの人が額のところを赤く塗ったりしているのは第三の目と呼ばれ、日本では「印堂《いんどう》」といいます。そこにはラピスラズリという石を作用させると非常に直感力が養えます。色でいうと、青、濃紺の方がパワーがあります。頭のてっぺんのツボを「百会《ひゃくえ》」といい、ここには紫が対応しており、石はアメジストです。のどは「点突《てんとつ》」というツボで、石ではソーダライトやブルーレースが対応していて、色は水色です。

胸は「壇中《だんちゅう》」というツボで、石はアベンチュリンがよく、色は緑です。お腹には「中丹《なかたん》

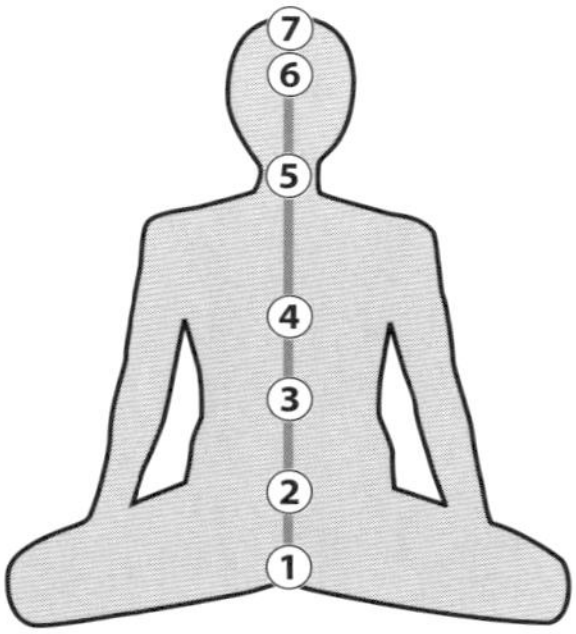

七つのチャクラ

⑦＝頭頂（百会）のチャクラ
⑥＝眉間（印堂）のチャクラ
⑤＝喉仏（点突）のチャクラ
④＝胸（壇中）のチャクラ
③＝腹（中丹田）のチャクラ
②＝仙骨（下丹田）のチャクラ
①＝恥骨（基底）のチャクラ

田《でん》」と「下丹田《しもたんでん》」というツボがあり、「中丹田」の石はタイガーアイやシトリンで色は黄色。「下丹田」は橙色でカーネリアンという石が対応します。さらに一番下にある恥骨の所ですが、石はカーネリアンやローズクォーツが対応して色は赤系です。

　これらの石を各チャクラ（ツボ）と対応させると、人体とその色とはうまく合い、精神的にも肉体的にも驚くほど調和がもたらされ、エネルギーに満たされます。

　また、これら全部の色をまとめてひとつにすると、「白」になります。白の石というのは「水晶（クォーツ）」のことです。ですから魔除けなどで何かひとつ持って出掛けるという時にはこの水晶を選んで下さい。

　人体の各箇所に対応するこれらの色をどのように使えばいいかといいますと、たとえば、人間関係がうまくいかずに悩んでいる場合は、緑の「アベンチュリン」を持って願うと望みが叶うといわれています。体力が落ちているなと感じたときには「ローズクォーツ」や「カーネリアン」を持って元気になれるように願うと効果があります。

また、いわゆる目に見えない世界、直感などの力を養う時には百会や印堂に対応する「アメジスト」「ラピスラズリ」を使って願うと、良い考えが浮かぶといわれています。

ペンダントや指輪の石として身に付けるのも効果があります。その日の体調によって、それぞれの色を使い分けたり、各九星の人には天の巻で紹介した幸運カラー／開運カラーの宝石を身に着けるのも効果はあると思います。

「パワー・ストーン」なんて陳腐だなんて思わないで下さい。あなたに合った石が見つかると、その効果が実感できるはずです。

なぜ色がパワーを持つか。簡単にいえば自然界が教えてくれています。ポイントはレインボーカラーの虹にあります。虹の持つ七色のカラーこそ、実は生命エネルギーそのものなのです。そしてこのレインボーカラーはズバリ人間の七つのチャクラの色とも対応しています。大宇宙＝小宇宙の関係です。「天人合一」の世界です。

それでは最後にチャクラの色のもつ意味をまとめてみます。

赤は悪いエネルギーから守ってくれます。橙は生命力を高めます。黄色は不純物を除き浄化します。緑は対人関係を円滑にします。青は自分の想ったことを実現させてくれます。紺は能力開発を助けます。紫は高次元の自分とコンタクトしてくれます。

そして究極の色である白とは透明な光なのです。ということは太陽の光を浴びるということはすべてのチャクラの色を浴びることであり、健康の源であるといえます。実際はこのような知恵が元気に生きる秘訣なのかもしれません。

私自身、もう二十年前になりますが、風水の世界を研究しながら気の世界も体験し、同時にこのチャクラの世界を徹底的に実践研究したことがあります。その結果、私は七つのチャクラの石を、三つの石に凝縮させることに成功しました。それは「天地人」を象徴しています。

天の石は、宇宙に対応する「アメジスト」です。地の石は、「ローズクォーツ」です。人の石は、天地間の中の五色の色を一つにまとめた「水晶」に代表します。私はこの三種類の石を十五ミリの玉にして「パイレイ・コファー」集積装置で宇宙エネルギーを封印しました。そして、私とご縁のある十数名の方と、これらの「天地人・三つの石」を共有して実験しました。

この天地人三つの石を共有していると、いろいろ不思議なことに遭遇しました。友人に会いたいと念じてこの三つの玉にお願いすると、すぐに会えるのです。今では携帯電話が当たり前の時代ですが、二十数年前ではこの「天地人・三つの石」がその役割をしていました。他にも偶然の一致現象が次々に起きました。

次は私が考案した「天地人・三つの石」の活用例です。

右手を開きます。人差し指と中指の間に「アメジスト」の玉を置きます。中指と薬指の間に「水晶」の玉を置きます。薬指と小指の間には「ローズクォーツ」の玉を置きます。そして、親指を除く四指で握ると、3つの玉は一列に並び一本の棒のようになります。

次に親指を立てます。と親指は天の方向に向きます。これで一本のステックの棒になります。ここに西洋魔術に登場するヒーラーが使う魔の剣が誕生します。あとはイメージで小指の下に伸び縮みする見えない如意棒があると想えばいいのです。この如意棒の先が患者の患部に到達し、宇宙エネルギーを送って治療することが可能になるのです。

気を見えない世界に活用すると、このような治療ができるようになります。イメージと気の世界です。興味のある方は気功の世界に入門し、見えない世界を探究して下さい。

最近、「チャクラ開発法」といって気功経験のない初心者に、開運を宣伝文句として短期間でチャクラを活性化するワークショップが開催されていますが、初心者に無理やりにチャクラを開けてしまうと、体の変調が生じてしまうので気をつけて下さい。

このチャクラ・ストーンは素敵な入れ物の中に収めて、常時あなたが使用するテーブルの上に置いて下さい。活用例としては、仕事から帰ってきた時に、一番気になる色を無意識で手に取って下さい。今のあなたが一番欲している石なのです。握っていると、今、自分の体のどこが病んでいるかもわかります。その石と心を通じ合って癒された部分を活性化しましょう。

チャクラ・ストーンも生きています。定期的に石を浄化し活性化する必要があります。そう感じたらまず清水で洗い、一晩、天然塩に埋めておいて浄化します。翌日、太陽に当てて活性化させましょう。石もあなたと同体なのです。時にはポケットに入れて仕事に出かけましょう。タリズマンとして石を活用する極意は「石と友達になる」ことです。あなたの分身なのです。

石というと身近な例として「誕生石」があります。この誕生石をあなたの「タリズマン」として所有するのもいいでしょう。誕生石の他に「守護石」もあります。興味のある方は専門書でご研究下さい。

私の考えでは、あなたのタリズマンとして、誕生石を一個、あとはあなたの直感で気に入った石を持たれるのが良いかと思います。あなたが人生の岐路に直面した時、あなたの誕生石にお願いしてみて下さい。あなたの強い味方となってあなたを助けてくれます。

風水の極意

最後になりますが、風水の世界を探究していきますと、人生の生き方の構図に辿りつきます。

「**一に命、二に運、三に風水、四に陰徳、五に勉学**」です。

この宇宙原理の関係を理解して生きることが重要です。運命は変えられるという証です。

風水、陰徳、勉学の世界は、あなたの努力で変えることができるのです。今でも遅くはありません。希望を持って挑戦して下さい。

「成功するまであきらめない」というフレーズがあります。座右の銘としても良いでしょう。

風水三元九運法

風水理論に二十年周期説があります。身近な例では、伊勢神宮の遷宮の儀式があります。

風水の世界では二十年ごとに時代のリズムが変化しています。

ここで簡単に説明します。私が最後に何が言いたいのか察していただければ幸いです。

本書を執筆中に「熊本大地震」が起きましたが、風水八運の象意が連動しています。

・1944年～1963年／風水下元五運⇩戦争（中央／北西）
・1964年～1983年／風水下元六運⇩発展（北西／南東）
・1984年～2003年／風水下元七運⇩喜び（西／東）
・2004年～2023年／風水下元八運⇩改革（東北／南西）
・2024年～2043年／風水下元九運⇩華麗（南／北）
・2044年～2063年／風水上元一運⇩苦難（北／南）

この二十年説で懸念されるのは、風水下元九運の後半から、風水上元一運の前半の二十年間です。この頃から、地球規模の単位で世界に突発的な大変化が動き始めます。ご注意下さい。（　）内の方位は、この二十年間に象意として影響を受ける方位で、吉凶共にあります。

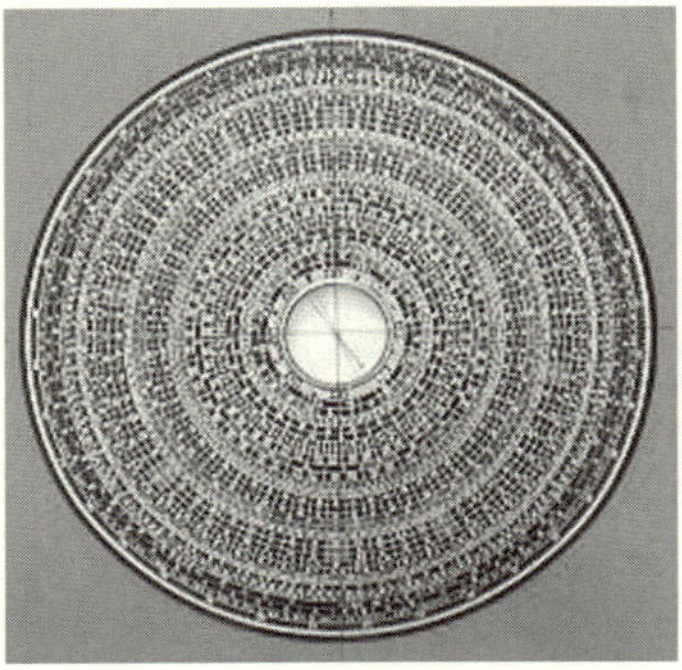
風水羅盤

八卦図

八卦図と風水羅盤

この節の最後に、タリズマンとしての「八卦図」と「風水羅盤」を紹介します。

「八卦図」とは、太極図の周囲に易の八卦を合体した図形で、風水でいう「殺《さつ》」を受ける場所の壁に設置したり、あなたのタリズマンとしてペンダント等で活用されるといいです。

風水鑑定に使われる「風水羅盤」ですが、宇宙マンダラが描かれています。各派によって羅盤の層の形状に多少の違いがありますが、図形の極地といっても過言ではありません。この「風水羅盤」を室内に置くことによってもタリズマン的に効果は大です。

いずれにせよ、自然法則である「宇宙理論」を味方にして「自然と一体化し、自然に逆らわず人生を生きる」、その極意を理解して下さい。

マンダラ九星盤

マンダラ九星盤は、ダイスの桝目の質量により、重力と空間というエネルギーを宇宙から受けます。普通のダイスの目は六面体のため一~六ですが、ここでは九面のダイスの公開です。出典は私の最初の著書『風水開運家づくり21』に掲載したものです

このマンダラ九星盤を見ていると何かを感じれば、あなたの脳はかなり進化しています

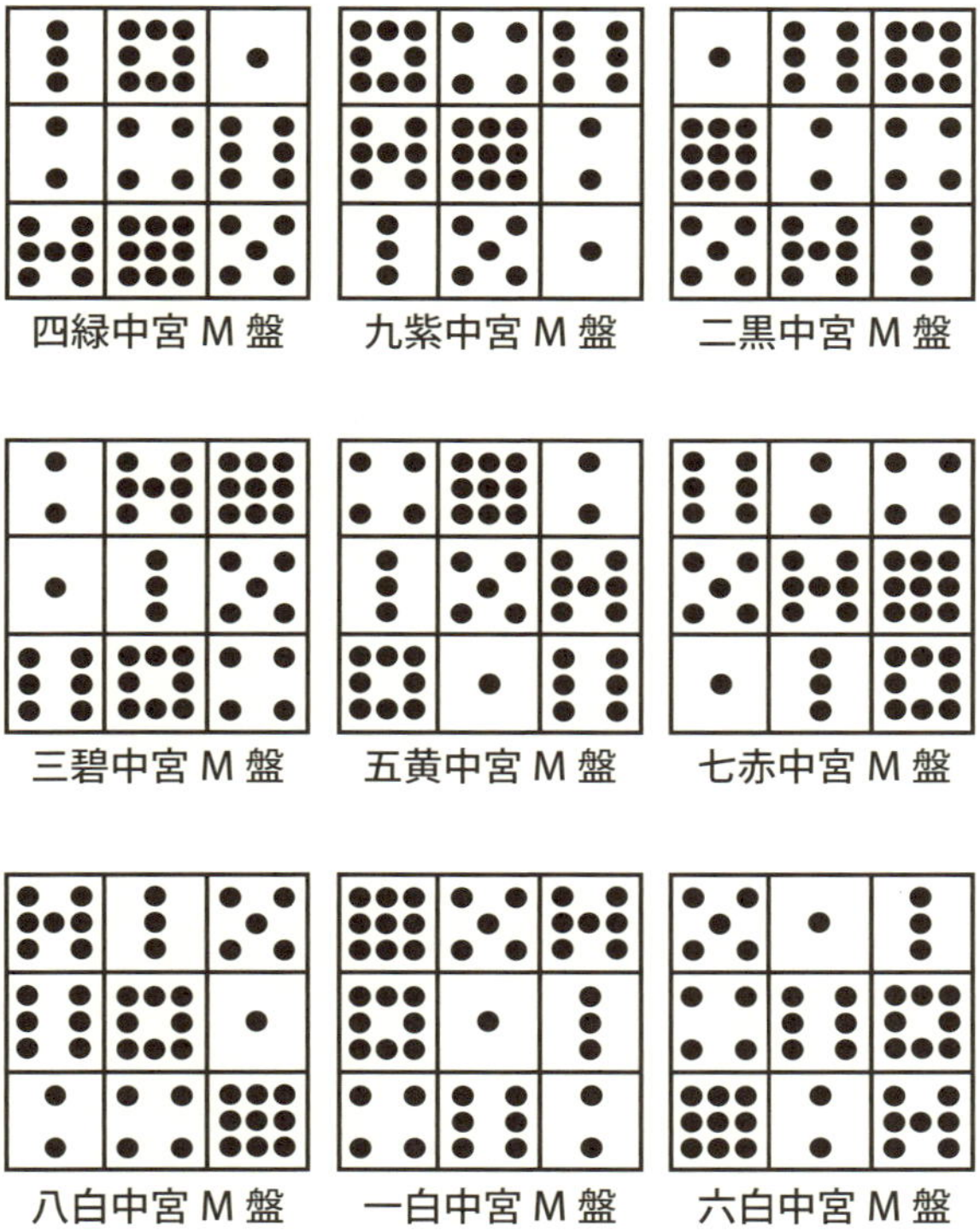

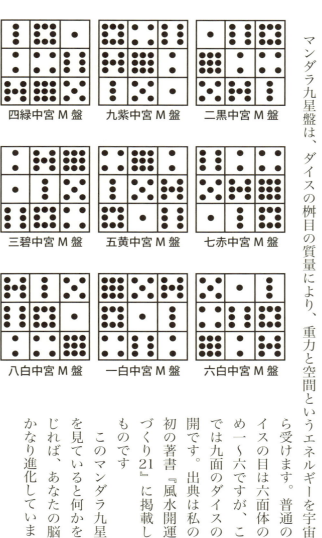

サイコロ占い

ここに古くから伝わっているジプシー占いとして「サイコロ占い」を公開します。市販のサイコロを一個用意して下さい。次にサイコロを転がすための受け皿を用意し、机の上の決まったところに常に置いておきます。朝、起きて仕事に行く前に今日はどんな日になるかを問いながら無意識の状態でサイコロを皿の上に転がして下さい。サイコロの目の数字により吉凶を判断します。

サイコロの数字の意味

一の目　すべて順調で大吉
二の目　時期を待つことが大切
三の目　忍耐と辛抱のとき
四の目　すべてに対して凶
五の目　機を逃さず行動すると吉
六の目　近い将来は吉に転ずる

ここでは初歩的な方法としてサイコロを一個使う方法を紹介しましたが、次は二個、最後は三個を転がして総合的に占う方法があります。深層まで占うことができます。

天を味方につける

自分に縁ある知識に出会ったときに、それをそつなく身につけ実践することにより、天運が味方になって動いてくれる。それは宇宙の定理に従って生きることで実現します。ここにまとめます。その内容ですが、宇宙原理は「シンプル」であるのに気づかされます。

宇宙定理に従う

天の巻・地の巻でも解説しましたが、宇宙原理を知って、宇宙法則に逆らわず生きるということが基本です。宇宙定理に従って生きることです。宇宙パワーを身に付けて下さい。

自分自身を知る

本書でも解説しましたが、まずは自分自身を認識することが開運のスタートです。開運の極意は自分自身の長所・短所を知り、状況によって上手く使い分けることです。

ここで凄い原理を紹介します。一例ですが、気長に見える人こそ、実は短気ということです。表裏一体なのです。

信念の魔術

今は昔、『信念の魔術』という本に出会い、潜在意識の力を知りました。しばらくの間、興奮して眠れませんでした。45年経った今、『シンボルの魔術』というタイトルで私の著書が発刊されました。『信念の魔術』との深い因縁に驚かされました。

鏡と友達になる

『信念の魔術』という本の中に、潜在意識と話すため鏡の効果を知りました。その後、中村天風の本に出会いましたが、その本にも鏡の効用が書かれていました。

極意は酒を飲んでいる時、鏡を見ると、もう一人の自分と出会うような感じがします。ぜひ、お試し下さい。

目標を明確化する

本書でも書きましたが、人は目標があるからこそ「人生、生きる喜びと価値がある」のです。そして頑張れるのです。目標が決まらないということは、「人生、生きていく使命感がない」ということになります。つまらない人生になりそうです。

目標を紙に書く

目標を紙に書いて持ち歩き、習慣化して見るという行為が人間の潜在意識の中に自然と溶け込み、やがて願望が実現するようです。本書で提案した「マンダラシート」にあなたの願望を書いて実践してみて下さい。その願望が必要であればやがて目標が達成されます。

あるがままを受け入れる

あるがままを受け入れるという行為は、実は宇宙からのメッセージの約束なのです。宇宙との約束ができると、後は良い方向に進んでくれます。信じるか信じないかはあなた次第です。ならば、あるがままを信じて受け入れるという行為に従った方が得策です。

自然に任す

自然に従って行動した後は、自然に任していた方が結果が良いようです。あせらず、「家宝は寝て待て！」の心境が大切です。自然はあなたの強い味方だからです。

五感を研ぐ

本書の「まえがき」でも紹介しましたが、あなたの目の前に見える光景は世の中の縮図なのです。人生や仕事に迷ったら、まず五感に問うとあなたに必要な解答を教えてくれます。ということは、常日頃、五感を磨く訓練が必要とのことです。五感の意味を再考しましょう。

直感を信じる

今回、本書の原稿はすべて直感を基に執筆してみました。直感とは宇宙の声です。今、必要な最新の情報を発信しています。この情報を受けるには無心でチューニングすることです。

座右の銘を持つ

本書で私の「座右の銘」を紹介しましたが、「座右の銘を持つ」ということはあなたの味方になってくれるという行為に同化してくれるということです。まずは無心になってあなたの座右の銘を探して下さい。やがて、あなたに必要な「座右の銘」が天から降りてきます。

習慣化する

本書で暦のエキスを取り入れて、毎日の行動を習慣化することを提案しました。一年の春夏秋冬の四季のリズムに自分の行動をクロスオーバーすることで、目標を達成するための最短の行為となります。ぜひ、お試し下さい。

吉凶、動より生ず

易経にも書いてあるように、吉凶は行動することから始まります。待っていても目標は達成されません。信念・想念の世界は行動によって実現します。書を捨てて町へ出ましょう。

宇宙銀行の存在を知る

本書でも宇宙銀行の存在を紹介しましたが、想うからこそ宇宙銀行が存在するのです。存在するからこそ、そこにパワーが生じます。物事は信念・想念の世界で成り立っています。

資格を持つ

資格を持つということは、その世界のパスポートのようなものです。時にはあなたに力を与えてあなたを助けてくれます。その世界で生活するならば必要な資格はぜひ修得して下さい。あなたにとって一生の宝となります。あなたに自信とパワーがみなぎります。

他人の成功を共喜する

他人の成功をうらやむ人は多いですが、一般に共喜する人は少ないようです。反対にあなたが成功した時に共喜する人がいればどうですか？　嬉しいと思います。ならば、他人の成功には共喜する気持ちを持ちましょう。やがて、あなたにもそんな時が訪れます。

点⇩線⇩立体⇩超立体⇩宇宙

本書でも多く登場してきましたが、この流れこそ「一次元⇩二次元⇩三次元⇩四次元⇩多次元」の世界観です。でもこの仕組みを知ると、この世で起きるさまざまな出来事が理解できるようになります。想いはやがて実現する図式なのです。

時間・空間・人間

この熟語に共通な漢字は「間」といった概念です。私たちに多くの問題意識を与えてくれます。奥深いです。探究する価値はあります。

占いを味方にする

占いの世界は統計学です。信じるか信じないかはあなた次第ですが、「なるほど！」と想ったことはあるがままに受け入れた方が良いです。あなたをプラス思考に働きかけます。

ギブアンドテイク

世の中の原理は「50対50」（共生）の法則で成立しています。「与えれば、与えられる」のです。ならばあなたが成功するには、多くの縁ある人に施しをすればいいということです。

好きなことを仕事にする

このフレーズこそ、あなたを幸せにする最高の秘訣です。毎日、仕事が楽しければ、あなたの運気も上昇します。好きな仕事を味方にして生きましょう。開運のスタートです。

争いをしない

できれば人と争わないで毎日を過ごすのがベストです。人と争ってプラスになることはありません。貴重な時間が苦痛で無駄です。ストレスが溜まらない生活を優先しましょう。

暦を生かす／友とする

わが国で毎年発行されている暦は「農業暦」で、自然と共生するというエキスが満載されています。ならば、暦のノウハウを毎日の生活に取り入れて生きるのがベストということとです。わが国で発行されている暦は、実は隠れたベストロングセラー所以なのです。

日本人に生まれたことに感謝する

これはすばらしいことです。まずは、自分を生んでくれた両親に感謝しましょう。わが国ほど春夏秋冬の自然の四季に恵まれた国はありません。ならば、自然に逆らわないで自然に感謝して生きるのが最高ということです。世界中で一番素敵な国に感謝しましょう。

あなたにとってのタリズマンとは?

あなたのタリズマンは見つかりましたか? 本書では一例を紹介しましたが、あなたが気になったものは何でもあなたの味方になってくれるタリズマンということです。ならば、他人とは違ったあなた自身のタリズマンを身に付けた方が効果が倍加します。

オンリーワンになる

あなたが好きなことはどんな分野であれ、あなたがナンバーワンにならなくてもオンリーワンになることは可能です。ならば、他人にはないあなた自身のオンリーワンを身に付けて生きる方が得策です。他人から見るとあなたの見方が変わります。他人との差別化を身に付けましょう。やがてあなたを成功に導きます。

自分の小遣いは自分で稼ぐ

サラリーマンであれ、自営業者であれ、限られたサラリーの中からあなたの使える小遣いは限られています。ならば、自分の小遣いを自分で稼ぐ工夫は必要です。どうしたら小遣いが稼げるかを考えましょう。成功は創意工夫することから始まります。

良き仲間／伴侶と共に生きる

人間は自分一人では生きられません。ならば、良き仲間を持つことは大事ということです。究極は自分のことを叱ってくれる良き伴侶を見つけて生きる方がベストです。

風水三元九運説を再考する

象の巻の最後の節で「風水三元九運法」を紹介しました。私たちが生きているこの世の中は20年の周期で変化しているという事実です。今後の慌ただしい世の中を乗り切って生きるには、この20年説の仕組みを知って生きる方が、自然に逆らわず計画変更が容易にできるということです。とくに２０３４年頃からの20年間は、地球規模で世界が変化することを予期しています。

良きメンターを持つ

世の中を気楽に生きるには、その道の経験者にお願いすることで余分な時間と労力がかかりません。ということで、良きメンターに出会うのもあなたの運命でもあります。今後、そんな機会に恵まれる機会が多くなると思われます。これは？　と思った瞬時に運を手にすることを身に付けて下さい。

本を出版する

本を出版するということは、自分の価値を高めます。第三者からは先生と呼ばれます。ですから、今までの経験や自分の理想とする意識を世間に訴えるには最高な方法です。自分に自信がつきます。ゴーストライターが書くのは意味がありません。

サーストンの三原則

奇術の世界に存在する「奇術を不思議に見せる」禁忌三原則があります。

1、タネ明かしをしない⇩「奇術のタネである原理・原則を公開しない」が鉄則

2、同じ奇術を二度演じない⇩二度目は感動がないし、種を見破ろうとした意識が働く

3、演じる前に演技の内容を言わない⇩奇術の持つ最も大事な「意外性」に欠ける

この「マジック禁忌三原則」はビジネスの世界でも活用できます。ご研究下さい。

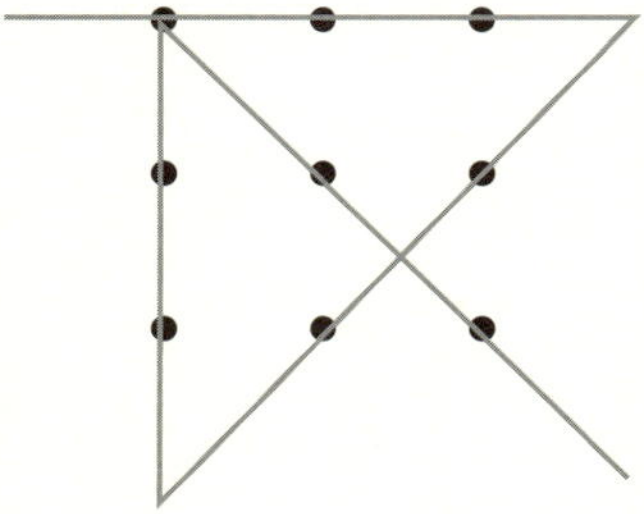

最後になりますが、象の巻の冒頭でワークショップの四本線の一筆書きで描く「ゴッチャルドの図形」の解答です。ポイントは九つの点に迷わされず、見ない仮点にまで線を引きますと一筆書きで四つの線で九つの点を結ぶことができます。

慌ただしい現代、人生を成長し、進化しながら生きるためには柔らかい発想が必要です。

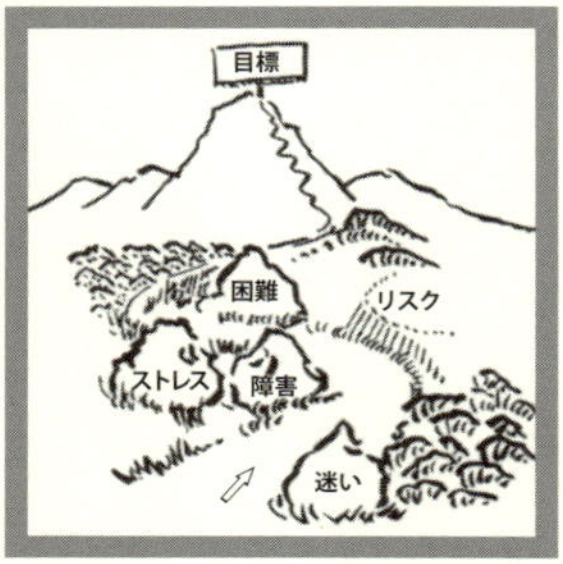

「まえがき」に紹介した「目標の山」の図ですが、地の巻で学んだ「水の流れは財の流れ」の理論を想い出して下さい。天から降ってきた雨（水）は山の頂上から、各道を通って下降に流れます。やがて海に辿り着きます。ならば、道の途中に財の受け皿をセットすれば良いのです。「財」が自動的に入ってくるのです。どこにどのような受け皿をセットするかは、あなた次第です。目標はやがて「財」に変化するのです。早速、家の外に出て、近くの山を眺めて下さい。何かが見えてきます。

あとがき

前書『風水からのメッセージ　人生・ビジネス・家づくり　想えば実現する』の第五章の水の巻の最後に、「最後は風水の極致『シンプルライフ』の生き方になります。さらに欲を言えば、今までの総決算としてもう一冊『人生の書』を発刊したいです。ただし、頁数は限りなく薄くして……」と書いて終了しました。

その後、この書を手にされた出版社の編集者から半年もしないうちに、本書のオファーが舞い込みました。まずは『シンボルの魔術』という書名に引き込まれました。本の構成も私が今まで体験したことがすべて網羅されています。これも天の声と想い、「想えば実現する」ということで迷うことなく承諾しました。

私自身、「シンプルライフ」を実体験できるいいチャンスと直感しました。ということで、人生のカウントダウンにあたり、今までの総決算として本書を書き上げることにしたのです。本書の結論ともなりますが、人生の極致は「シンプルライフ」に近づくことです。

私の構想はすぐまとまりましたが、感激したことは、執筆と並行して私が三十数年間に収集した本や資料を手にすることができたことです。

私の蔵書ですが、旧事務所に一万冊以上が書架にストックされています。今回のような機会に恵まれない限り、書庫にある私の蔵書をチェックすることもなかったのですが、今回の執筆のため、私は足しげく書庫に通いました。

今回、直感で五十冊ほどの本をランダムに取り出し、機会あるごとに何気なく開くと、何と！　今回私が書こうと思った内容が、断片的ですが、すでに書かれていたことに驚きました。数十年前に私が無意識に収集した本の精霊が今の私のために動き始めたのです。

今回、仕事の合間に無意識に購入し続けてきた書籍群が、数十年経った今、よみがえり、本書を書く手助けをしてくれました。まるでそれを予測していたようです。今までに無意識に購入した本が、今の自分を創っているということをまさに実感しました。天意に感謝した次第です。と同時に、今回の執筆作業で次のように感じました。

「人間は何もなくなった時、空というか無というか、この時のエネルギーが極致に到達する。ということは、今回紹介した宇宙原理の法則を活用して、自分の生活をシンプルにして生きる」ということが極意になります。

この発想が頂点に達した時、今流行の「引き寄せ術」が現実となって実現するのです。

私たちの世代に学んだ「近代建築の巨匠」の一人であるミース・ファンデアア・ローエの

言葉に「レス・イズ・モア」（より少ないことは、より豊かである）があります。
人生の極致でもあります。宇宙はシンプルなのです。

前書の『風水からのメッセージ　人生・ビジネス・家づくり　想えば実現する』の執筆は、朝五時の式神の啓示で筆を進めました。今回の執筆は事務所内の片付けをしながら、天からの直感の啓示で筆を進めてきました。

本を書くということは、自分の人生を顧みて、自分の想っていることを整理するにはいい機会です。そんなことで本書の内容は私自身の人生の実践記録の集大成でもあります。

今まで過ごした人生は、実は偶然ではなく、必要必然の宇宙法則の中で存在しているのに気づきます。ということは、毎日の日常の行動が、無意識的に点と点で結ばれ、やがて自分の想っている目標のために動いているのを実感します。宇宙に感謝する心が大事です。

２０１６年３月、ＮＨＫで『精霊の守り人』が始まりました。『ロード・オブ・ザ・リング』に匹敵するファンタジー物語です。縁があってこの物語を見た子供達の将来が楽しみです。冒頭で述べたように、この物語りを見た子供達の潜在意識に刷り込まれたので、きっと将来何かをするはずです。

人生は出逢いからスタートします。自分の人生は自分で創っているのです。

さて、本書で私の旅も一段落しました。これから、次の「第三の人生」の旅にスタートします。まずは、私の趣味であるマジック・ランドの世界に向かいます。今までに収集した奇術探究五十年の膨大な資料がストックされていますので、今後の日本奇術界の発展のために、これらの資料を整理し、伝達したいです。

同志と「日本マジック記念館」構想を実現したいです。私にとってファンタジーの極致かもしれません。今年の七月、北海道帯広市にオープンするわが国最初のマジックミュージアムに行ってきます。今回、開館記念として私のマジックコレクションの中から、貴重な文献を10数冊寄贈しました。今後、博物館が発展していくことを期待しています。

それから、建築設計の仕事で出逢った易占学・風水学の世界探究も三十年以上になります。これらの貴重な文献も整理しながら、ご縁ある次世代にお伝えしたいと想っています。

建築の世界も実務を離れて、日本の城や古民家を訪れながら、建築の原点を再考したいです。本書で紹介した「風水の旅」やウォーキングを実践し、健康を養い、今後の人生を謳歌したいと願っています。

高校時代、部活でハワイアン部に所属し、ギターを担当していたので、その懐かしさもあり、今カルチャーセンターのウクレレ教室に通っています。今後、ウクレレでソロ演奏するのが私の夢でもあります。ウクレレの音色がなぜか私の心を癒します。

１９８０年に建築設計事務所を設立して、２０１６年で三十六年になります。今まで約１０００件以上の各種建築の設計監理を担当してきました。私の場合、建築設計の仕事をしながら、易占学・風水学探究の「第二の人生」を並行して過ごしてきました。

２０１６年内で建築設計実務のカウントダウンを考えていますが、今後私の「第三の人生」のスタートが始まります。

事務所設立の数年間に歯科医院の設計に恵まれ、数年間で約六十件の歯科医院を担当しました。その後、流通関係、住宅関係の設計監理の仕事をしながら、ここ十数年間はヤオコー様のＳＭ（スーパーマーケット）関係の建築設計の仕事に従事してきました。当所で四十数件の物件を担当しました。その間、多くの海外研修旅行の貴重な体験にも恵まれました。ご縁に感謝しています。

１９８９年9月、最初の流通関係の仕事を終え、その記念に関係者の方々共に、夫婦で北米とハワイの旅を楽しみました。その後、Ｓ流通関係者と１９９３年12月、北米店舗視察、１９９４年12月、北欧店舗視察と二年間続けて欧米のクリスマス商戦の視察も懐かしい想い出です。その時に寄ったガウディのサクラダ・ファミリア教会も、２０１４年に二十年ぶりに訪れましたが、当時完成まで１５０年かかると言われていた教会の工事も急ピッチに進んでいました。その進歩に驚かされました。

最近、アントニオ・ガウディ没後百年の節目となる２０２６年に完成されると発表されました。技術の進歩も凄いです。人間の執念と技術の進化、そして宇宙の啓示に結晶を感じます。

２０１６年5月、事務所閉鎖のカウントダウンの一環として、27年ぶりに夫婦で懐かしのハワイの旅に行ってきました。事務所を36年間運営してきた我々夫婦の褒美でもあります。今回、シェラトン・ワイキキリゾート22階に連泊、なつかしのワイキキ海岸を素足で闊歩し、バナナ、パイナップルで有名なドール農園に寄り、テレビＣＭ〝あのー木なんの木気になる木〟の「日立の樹」を訪れ、現地でパワーをいただいてきました。

その他、カメハメハ大王像と対面、ハワイ出雲大社を参拝し、幾つかのヒーリング・スポットを探索、ハワイ風水を体験し、マジック＆フラダンスショーを鑑賞、お土産にウクレレを購入、さらに現地で今後の生き方についての直感を得て帰って来ました。

「忙中閑あり」、４泊６日のルックＪＴＢフリーの旅で貴重な体験を満喫してきました。

２０１６年5月25日、アメリカのオバマ大統領が初来日し、26日の伊勢志摩サミット後、27日に被爆地の広島を訪れていた時、偶然にも私は真珠湾の慰霊施設のビジターセンターを訪れていました。私も現地で戦争の悲惨さを味わっていました。

ハワイは日本からみて、唯一の東方位で、２０１６年5月は私の年と月の吉方位でもあります。東にはスタートという象意がありますが、これから私の「第三の人生」が始まります。ちなみに「アロハ」とは、一言で〝愛〟を表現し、根底に「優しさ、調和、喜び、謙虚、忍耐」の意味があります。人生に必要なキーワードが網羅されています。人生の縮図です。

帰国してから、最後の仕事が待っていました。前書で提案した「進化する住宅リフォーム」の最終ラウンドです。今の事務室が30年ぶりにワンルームの洋室に生まれ変わりました。ゲストルームに使ってもよし、トレーニングルームに使ってもよし、私の瞑想室に使ってもいいと考えています。30数年間、事務所を歩んできたラストの「ラインストーン」です。

本書『シンボルの魔術』（あなたの人生はあなたが創る）の実践例でもあります。

ぜひ、本書を参考にあなたの人生を設計し、楽しんで歩んで下さい。

本書を読んで何かを感じた方、私とご縁のある方に、私があなたのメンターとしてご支援いたします。

最後になりますが、2016年は「天地感応の年」ということで、本書の執筆中に天から〝三合タオマーク〟の図形が降りてきました。

今回、20年前に考えた「タオシール」と三合会局図形が合体し、さらに色によるパワーも封入されました。この度のご縁で、この図形を本書のカバーの裏に掲載しました。活用法は、カバーのうしろの袖《そで》に記してあります。本書をあなたの身近に置いて、さまざまな効果をお試し下さい。

あなたの成功を心よりお祈り申し上げます。

ありがとうございました。

今井雅晴

参考文献

・『潜在意識の活かし方』J・K・ウィリアムズ著　藤井良訳　ダイヤモンド社
・『信念の魔術』クラウド・M・ブリストル著　大原武夫訳　ダイヤモンド社
・『積極的考え方の原理』　N・V・ピール著　上田敏晶訳　ダイヤモンド社
・『ストーリー思考』神田昌典 著　ダイヤモンド社
・『あなたは成功するようにできている』マクスウエル・マルツ著　田中孝顕訳　きこ書房
・『図解思考50のルール』ケヴィン・ダンカン著　村井瑞枝訳　かんき出版
・『秘法カード占い入門』木星王著　日本文芸社
・『高等魔術実践マニュアル』朝松健著　学習研究社
・『正多面体・超パワーの秘密』秋山清著　廣済堂出版
・『気と波動医学の驚異』久米清著　廣済堂出版
・『魔法の波動調整術』岡田達雄著　KKベストセラーズ
・『これが噂のヒランヤだ』ニッポン放送出版　扶桑社
・『パイレイ』(第3号)　MMエイト
・『錯覚のはなし』コブ著　崎川範行訳　東京図書
・『イリュージョン・デザイン』海野弘・田中紀男共著　造形社
・『気の人間学』矢山利彦著　ビジネス社
・『マックス名人の世界の占い』マックス名人著　高木重朗訳　東京堂出版
・『風水がわかる本』エソテリカ編集部編　学研パブリッシング
・『風水必読』マスター　ラリー・サング著　清水昭子訳　アメリカ風水研究所
・『風水パワースポット紀行』山道帰一著　メディア総合研究所

・『ヒンドゥ教の建築』Ｊ・ミッチェル著　神谷武夫訳　鹿島出版会
・『new homeoffice design』copyright daab gmbh
・『小さな家、可愛い家』ミミ・ザイガー著　黒崎敏訳　二見書房
・『小さな家』ル・コルビュジェ著　森田一敏訳　集文社
・『スモールハウス』高村友也著　同文館出版
・『住まいの風水学』鮑黎明著　双葉社
・『住まいの風水学マニュアル』Dr.ジェス・リム著　ユキ・シマダ監訳　ガイアブックス
・「群馬の風水大解剖」今井雅晴『Housing』Vol.25　上毛新聞社
・「風水都市　香港」今井雅晴　季刊『羅針ラシン』Vol.20　イカロス出版
・「私のライフワーク」今井雅晴『１００人のライフワーク』Vol.1　サンクチュアリ出版
・『風水開運家づくり21』今井雅晴著　広報社
・『風水からのメッセージ　人生・ビジネス・家づくり』今井雅晴著　文芸社
・「占術回想録１」今井雅晴『四盤暦』(平成28年版) 青年気学研究会
・「劇画回想録」今井雅晴『劇眼漫歩』22,23,68,69号　懐かしの漫劇倶楽部会誌
・『タイムカプセル96』(私のカード&コイン奇術集) 今井雅晴著　ＪＭＡ日本奇術連盟

筆者プロフィール
今井雅晴（いまいまさはる）

群馬県高崎市在住。一級建築士。株式会社イマイ建築設計事務所代表取締役。占術・風水研究家。趣味の奇術探究は 50 年になる。大学建築学科を卒業後、建築設計事務所に入所。10 年間に各種設計・監理を担当する。

昭和 59 年 1 月、建築設計事務所を設立。現在まで約 1000 件の各種建築を設計監理する。設計の仕事を通して、方位、家相の重要さを痛感し、気学、易学、奇門遁甲、風水の理論を学び実践する。住宅情報誌「My Home」に「風水開運家づくり」、「風水開運人づくり」を連載する。ラジオ高崎、FM OZE にて、風水をテーマにしたレギュラーコーナーを 2 年間担当する。積水ハウスとの住宅風水相談会は 10 年間で通算 100 回を超える。

2004 年 6 月、浜名湖花博／庭文化創造館で「風水の庭」の監修を担当する。2004 年 9 月、神田昌典／顧客獲得実践会にて「今月の実践大賞」（風水の庭）を受賞する。2010 年 6 月、（社）日本易学連合会にて「実占に役立つ建築家による風水実践法」を講演する。

風水実践会「ｉ＆ｉライフビジネス研究会」を主宰（2002 年～2010 年／ 2016 年準備中）。

風水に関する記事が多数。著書に『風水開運家づくり 21』（広報社）、『風水からのメッセージ「人生・ビジネス・家づくり」想えば実現する』（文芸社）がある。

2017 年から、今までの実践を活かした人生・ビジネス・家づくりのコンサルを開始する。

風水開運「人生・ビジネス・家づくり」（想えば実現する）
シンボルの魔術
http://www.imaimasaharu.com

シンボルの魔術《まじゅつ》　―あなたの人生《じんせい》はあなたが創《つく》る

2016年 7月20日　初版第1刷発行
著　者　今井雅晴
発行者　加藤恭三
発行所　知道出版
〒101-0051 東京都千代田区神田神保町 1-7-3 三光堂ビル
TEL 03-5282-3185 FAX 03-5282-3186
http://www.chido.co.jp
印　刷　ルナテック
製　本　越後堂製本

ISBN978-4-88664-282-0